한국어문회(한자능력검정회) 주관

한자능력 검정시험
한권으로 급수따기

검정대비 시리즈 ②

개정된 출제 기준 완벽 대비(필순 문제)
배정 한자 150자 완전 문제화
풍부한 한자 쓰기 연습
유형별 한자 익히기, 확인평가
기출 예상문제 및 답안지 수록

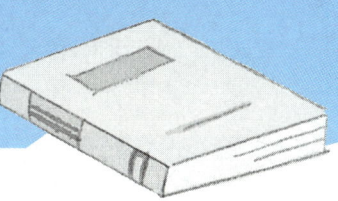

7급

이 책의 구성과 특징

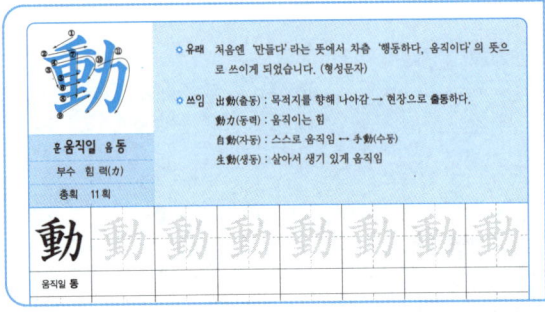

한자 배우기

7급에서 새로 배우게 될 한자 100자를 10단원으로 나누어 각 주제별로 훈과 음, 필순은 물론 글자의 유래와 쓰임, 상대어와 유의어 등을 함께 제시하여 한자를 재미있게 익히도록 하였습니다.

확인평가

각 단원별로 새롭게 배운 한자를 철저한 출제 경향 분석에 따른 실제 시험 형식에 따라 점검해보고, 자신의 부족한 부분을 보완하도록 합니다.

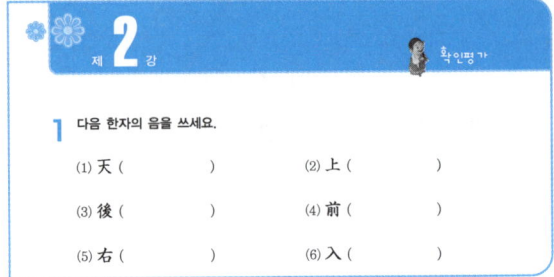

7급 배정 150자 다지기

별도의 한자 노트가 필요 없이 쓰기 연습을 충분히 할 수 있도록 7급 과정에 배정된 150자 한자를 다시 한 번 모아 익히도록 하였습니다.

한자 익히기

한자의 생성, 부수, 필순 등의 원리를 배우고 7급 한자 범위의 한자성어와 함께 반의어, 유의어, 비슷한 한자를 통해 더욱 실력을 다질 수 있으며 읽기 어려운 한자를 따로 정리하였습니다.

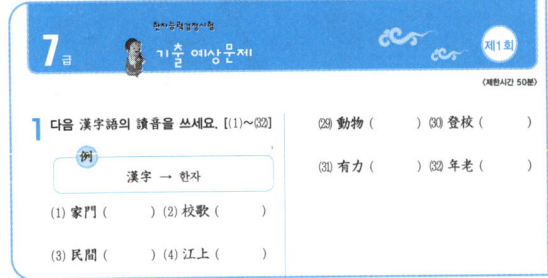

기출 예상문제

이미 출제된 문제를 충실히 분석하고 달라진 출제 기준에 따라 엄선된 예상문제를 실제 시험에서와 같이 마지막 점검을 하여 시험에 대한 자신감을 길러줍니다.

머리말

최근 한자에 대한 관심이 높아지면서 한자능력검정의 응시자 수도 놀라운 속도로 늘어나고 있습니다. 한자어는 우리말 중 그 비중이 70%를 넘어설 정도로 오랜 시간에 걸쳐 우리의 생활에 깊숙이 스며들어 있음에도 불구하고 그 동안 상대적으로 교육 현실에서 소홀히 여겨져 온 것이 사실입니다. 그러한 중에 한자에 대한 교육이 꾸준히 늘어나고 있는 현실은 퍽 다행이라 할 수 있습니다.

중국이 이미 세계 무대의 중심에 우뚝 서 한자 문화권이 넓게 형성되었으며 논술 시험의 비중이 높아져 한자의 이해가 그 어느 때보다 절실한 상황이며, 더욱이 우리말을 정확히 알고 구사하기 위해서라도 한자는 반드시 넘어야 할 산임을 정확히 알게 된 것입니다.

그리하여 한자능력검정시험이 국가 공인을 얻어 자격 취득시 초·중·고등 생활 기록부에 등재되고, 대학교 특례입학의 자격이 주어지고 있으며 공무원, 군인 등의 인사고과에 반영되며 입사시험에 필수 사항이나 우대 사항으로 대우를 해 주는 회사도 많이 늘어나고 있습니다.

이에 본 교재는 한국어문회에서 시행하는 국가공인 한자능력검정시험에 대비하여 새로이 개정 증면되어 한자의 기본을 더욱 튼튼히 하고 철저한 분석과 풍부한 예제로 이 한 권으로 자격증을 획득하기에 조금도 부족함이 없도록 하였습니다. 빠르게 변하고 필요한 정보가 더욱 요구되는 이 시기에 여러분들의 귀한 시간을 아껴드림과 아울러 정확한 합격의 길로 인도하여 드릴 것을 확신합니다.

한자능력검정시험 안내

한자능력검정시험 요강

- **주　관** : (사)한국어문회 (☎ 02-1566-1400) (http://www.hanja.re.kr)
- **시　행** : 한국한자능력검정회
- **시험일시** : 연 3회 - 교육급수 : 4, 7, 10월
  　　　　　　　공인급수 : 5, 8, 11월
- **응시자격**
  - 제한없음, 능력에 맞게 급수를 선택하여 응시하면 됩니다.
  - 1급은 2급 합격자에 한하여 응시할 수 있고, 서울, 부산, 대구, 광주, 대전, 제주에서만 실시합니다.
- **접 수 처**
  - 서울 : (사)한국어문회 ☎ 02-1566-1400(서울교대 정문 맞은 편 교대벤처타워 501호)
    　　　종로 이그젬센터[6서당] ☎ 02-730-6116(1호선 종각역 3번 출구 국세청 뒤)
  - 기타지역 : 한자능력검정시험 지역별 접수처 및 응시처 참조
- **접수시 준비물**
  　반명함판사진 3매 / 응시료(현금) / 한자 이름 / 주민등록번호 / 급수증 수령주소

급수별 출제 유형

구 분	공인급수					교육급수					
	1급	2급	3급	3급Ⅱ	4급	4급Ⅱ	5급	6급	6급Ⅱ	7급	8급
읽기 배정 한자	3,500	2,355	1,817	1,400	1,000	750	500	300	300	150	50
쓰기 배정 한자	2,005	1,817	1,000	750	500	400	300	150	50	0	0
독음	50	45	45	45	30	35	35	33	32	32	24
훈음	32	27	27	27	22	22	23	22	29	30	24
장단음	10	5	5	5	5	0	0	0	0	0	0
반의어	10	10	10	10	3	3	3	3	2	2	0
완성형	15	10	10	10	5	5	4	3	2	2	0
부수	10	5	5	5	3	3	0	0	0	0	0
동의어	10	5	5	5	3	3	3	2	0	0	0
동음이의어	10	5	5	5	3	3	3	2	0	0	0
뜻풀이	10	5	5	5	3	3	3	2	2	2	0
필순	0	0	0	0	0	0	3	3	3	2	2
약자	3	3	3	3	3	3	3	0	0	0	0
한자쓰기	40	30	30	30	20	20	20	20	10	0	0

- 쓰기 배정 한자는 한두 급수 아래의 읽기 배정 한자이거나 그 범위 내에 있습니다.
- 출제 유형표는 기본 지침 자료로서, 출제자의 의도에 따라 차이가 있을 수 있습니다.

급수별 합격 기준

급수별 합격기준	8급	7급	6급Ⅱ	6급	5급	4급Ⅱ	4급	3급Ⅱ	3급	2급	1급
출제문항수	50	70	80	90	100	100	100	150	150	150	200
합격문항수	35	49	56	63	70	70	70	105	105	105	160
시험시간(분)	50							60			90

급수별 수준 및 대상

급수	수준 및 특성	권장대상
8급	• 읽기 50자, 쓰기 없음 • 유치원이나 초등학생의 학습 동기 부여를 위한 급수	초등학생
7급	• 읽기 150자, 쓰기 없음 • 한자 공부를 처음 시작하는 분을 위한 초급 단계	초등학생
6급Ⅱ	• 읽기 300자, 쓰기 50자 • 한자 쓰기를 시작하는 첫 급수	초등학생
6급	• 읽기 300자, 쓰기 150자 • 기초 한자 쓰기를 시작하는 급수	초등학생
5급	• 읽기 500자, 쓰기 300자 • 학습용 한자 쓰기를 시작하는 급수	초등학생
4급Ⅱ	• 읽기 750자, 쓰기 400자 • 5급과 4급의 격차를 해소하기 위한 급수	초등학생
4급	• 읽기 1000자, 쓰기 500자 • 초급에서 중급으로 올라가는 급수	초등학생
3급Ⅱ	• 읽기 1,000자, 쓰기 750자 • 4급과 3급의 격차를 해소하기 위한 급수	중학생
3급	• 읽기 1,817자, 쓰기 1,000자 • 신문 또는 일반 교양어를 읽을 수 있는 수준	고등학생
2급	• 읽기 2,355자, 쓰기 1,817자 • 일상 한자어를 구사할 수 있는 수준	대학생・일반인
1급	• 읽기 3,500자, 쓰기 2,005자 • 국한 혼용 고전을 불편없이 읽고, 공부할 수 있는 수준	대학생・일반인

자격 취득시 혜택

1. 초・중・고등학생 생활기록부 등재
2. 대학 수시모집 및 특기자 전형 지원
3. 대입면접 가산・학점반영・졸업인증
4. 기업체 인사・승진・인사고과 반영

◎ 초・중・고등학생 생활기록부 등재[자세히]

구분	효력	생활기록부 등재란	관련 규정
1급~4급	국가공인자격증	'자격증' 란	교육부 훈령 제616호 11조
4급Ⅱ~8급	민간자격증	'세부사항' 란	교육부 훈령 제616호 18조

● 생활기록부의 '세부사항' 등재(4Ⅱ~8급)는 교육부 훈령의 권장 사항으로, 각급 학교 재량에 따릅니다.

7급 신출한자 (100자)

한자	훈음	쪽	한자	훈음	쪽
歌	노래 가	54	林	수풀 림	45
家	집 가	74	立	설 립	77
間	사이 간	13	每	매양 매	84
江	강 강	43	面	낯 면	27
車	수레 거	69	命	목숨 명	68
空	빌 공	83	名	이름 명	58
工	장인 공	70	文	글월 문	52
口	입 구	27	問	물을 문	66
旗	기 기	78	物	물건 물	46
記	기록할 기	54	方	모 방	85
氣	기운 기	28	百	일백 백	50
男	사내 남	59	夫	지아비 부	62
內	안 내	75	不	아닐 불	85
農	농사 농	36	事	일 사	36
答	대답 답	66	算	셈 산	51
道	길 도	74	上	윗 상	19
冬	겨울 동	11	色	빛 색	82
洞	골 동	35	夕	저녁 석	12
動	움직일 동	14	姓	성 성	58
同	한가지 동	84	世	인간 세	70
登	오를 등	76	所	바 소	38
來	올 래	76	少	적을 소	61
力	힘 력	30	數	셈 수	51
老	늙을 로	61	手	손 수	26
里	마을 리	34	時	때 시	13

市	저자 시	37
食	밥 식	75
植	심을 식	46
心	마음 심	28
安	편안 안	29
語	말씀 어	53
然	그럴 연	42
午	낮 오	12
右	오른 우	20
有	있을 유	83
育	기를 육	30
邑	고을 읍	35
入	들 입	22
字	글자 자	52
自	스스로 자	42
子	아들 자	59
場	마당 장	37
電	번개 전	82
前	앞 전	21
全	온전 전	77
正	바를 정	67
祖	할아비 조	60
足	발 족	26
左	왼 좌	20
住	살 주	38

主	주인 주	62
重	무거울 중	78
地	땅 지	18
紙	종이 지	86
直	곧을 직	67
川	내 천	43
千	일천 천	50
天	하늘 천	18
草	풀 초	44
村	마을 촌	34
秋	가을 추	11
春	봄 춘	10
出	날 출	22
便	편할 편	69
平	평평할 평	29
下	아래 하	19
夏	여름 하	10
漢	한수 한	86
海	바다 해	44
花	꽃 화	45
話	말씀 화	53
活	살 활	68
孝	효도 효	60
後	뒤 후	21
休	쉴 휴	14

이 책의 순서

7급

한자 익히기

- 1강_ 春 夏 秋 冬 夕 午 時 間 動 休 009
- 2강_ 天 地 上 下 左 右 前 後 出 入 017
- 3강_ 手 足 口 面 心 氣 平 安 育 力 025
- 4강_ 里 村 洞 邑 農 事 市 場 住 所 033
- 5강_ 自 然 川 江 海 草 花 林 植 物 041
- 6강_ 百 千 算 數 文 字 語 話 歌 記 049
- 7강_ 姓 名 男 子 祖 孝 老 少 夫 主 057
- 8강_ 問 答 正 直 命 活 便 車 工 世 065
- 9강_ 道 家 內 食 登 來 立 全 重 旗 073
- 10강_電 色 空 有 同 每 方 不 紙 漢 081

부록

- 7급 한자 150자 다지기 090
- 필순 익히기 105
- 육서 익히기 106
- 부수 익히기 108
- 상대어 · 반의어/유의어/모양이 닮은 한자 110
- 한자성어 112
- 주의하여 읽기 116

시험대비

- 기출 예상문제(4회) 117
- 답안지 양식(4회) 125
- 정답(확인평가 10회, 기출 예상문제 4회) 133

한 · 자 · 능 · 력 · 검 · 정

한자 배우기 7급

제 1강

春	夏
봄 춘	여름 하

秋	冬
가을 추	겨울 동

夕	午
저녁 석	낮 오

時	間	動	休
때 시	사이 간	움직일 동	쉴 휴

훈 봄 음 춘
부수 날 일(日)
총획 9획

- 유래: 따스한 햇볕을 받아 풀이 돋아나는 모양입니다.
- 쓰임 立春(입춘) : 봄이 시작되는 절기
  → 立春大吉(입춘대길) / 吉(길할 길-5급)
  青春(청춘) : 스무 살 안팎의 젊은 남녀
  → 青春男女(청춘남녀)
  春色(춘색) : 봄의 아름다운 색깔
  春花(춘화) : 봄에 피는 꽃

春 봄 춘

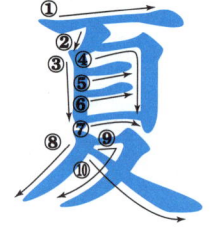

훈 여름 음 하
부수 천천히 걸을 쇠(夂)
총획 10획

- 유래: 무당이 춤을 추는 모습, 또는 큰 얼굴과 튼튼한 다리를 가진 사람의 모습이라는 설이 있습니다.
- 쓰임 夏海(하해) : 여름 바다
  立夏(입하) : 여름이 시작되는 절기
  夏期(하기) : 여름의 시기 / 期(기약할 기-5급)
  夏服(하복) : 여름에 입는 옷 / 服(옷 복-6급)

夏 여름 하

훈 가을 음 추

부수 벼 화(禾)

총획 9획

- 유래 누렇게 익은 벼이삭 위에 앉아 있는 귀뚜라미를 본뜬 글자입니다.
- 쓰임 春秋(춘추) : 봄과 가을을 함께 일컫는 말, 나이의 높임말
  秋月(추월) : 가을의 달
  秋夕(추석) : 한가위, 음력 8월 15일
  秋分(추분) : 24절기의 하나, 밤과 낮의 길이가 같음
  分(나눌 분 - 6급)

秋 가을 추

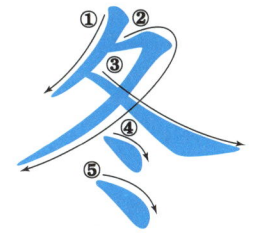

훈 겨울 음 동

부수 얼음 빙(冫)

총획 5획

- 유래 사람의 발꿈치 모양, 또는 나뭇잎이 시들어 떨어지는 모양이라고 합니다.
- 쓰임 秋冬(추동) : 가을과 겨울을 함께 일컫는 말
  冬季(동계) : 겨울철 / 季(계절 계 - 4급) ↔ 夏季(하계)
  三冬(삼동) : 겨울의 석 달, 세 해의 겨울
  冬月(동월) : 겨울 밤의 달

冬 겨울 동

훈 저녁 음 석	
부수 저녁 석(夕)	
총획 3획	

- 유래 해질 무렵, 초저녁에 뜬 달의 모양을 본 뜬 글자입니다.
- 쓰임 七夕(칠석) : 음력 7월 7일, 견우와 직녀가 만나는 날
  夕陽(석양) : 저녁 해, 저녁 나절 / 陽(볕 양-6급)
  夕食(석식) : 저녁 밥 ↔ 朝食(조식) : 아침 밥 / 朝(아침 조-6급)
  朝夕(조석) : 아침과 저녁
- 상대어 朝(아침 조-6급)

夕	夕	夕	夕	夕	夕	夕	夕
저녁 석							

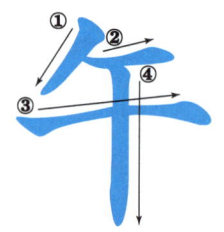

훈 낮 음 오	
부수 열 십(十)	
총획 4획	

- 유래 절구질을 할 때 절구공이의 모양을 본 뜬 글자입니다.
- 쓰임 正午(정오) : 낮 12시 → 오늘 정오에는 친구와 약속이 있다.
  午前(오전) : 해 뜰 때부터 낮 12시까지 ↔ 午後(오후)
  午時(오시) : 십이 시의 일곱째 시, 상오 11시에서 하오 1시까지
  下午(하오) : 오후 ↔ 上午(상오)
- 상대어 夜(밤 야-6급)

午	午	午	午	午	午	午	午
낮 오							

- 훈 때 음 시
- 부수 날 일(日)
- 총획 10 획

* 유래 해 일(日)과 발자국 지(止)가 합쳐진 글자입니다.
* 쓰임 時間(시간) : 시각과 시각 사이의 동안
    → **시간** 약속은 꼭 지켜야 한다.
  時事(시사) : 그 당시에 생긴 여러 가지 세상 일
  時空(시공) : 시간과 공간
  每時(매시) : 매시간의 준말

時	時	時	時	時	時	時
때 시						

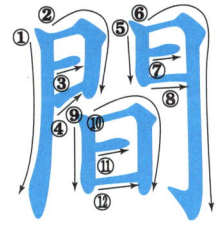

- 훈 사이 음 간
- 부수 문 문(門)
- 총획 12 획

* 유래 대문 사이로 비치는 달빛(또는 햇빛)을 본뜬 글자입니다.
* 쓰임 中間(중간) : 가운데 → 영화를 보는 **중간**에 밖으로 나왔다.
  空間(공간) : 아무것도 없이 비어 있는 칸
  世間(세간) : 사람들이 살아가는 곳
    → **세간**에 도는 소문을 믿지 말라.
  民間人(민간인) : 일반 사람, 관원이나 군인이 아님
* 비슷한 한자 問(물을 문)

間	間	間	間	間	間	間
사이 간						

훈 움직일 음 동
부수 힘 력(力)
총획 11획

- 유래 처음엔 '만들다' 라는 뜻에서 차츰 '행동하다, 움직이다' 의 뜻으로 쓰이게 되었습니다.
- 쓰임 出動(출동) : 목적지를 향해 나아감 → 현장으로 **출동**하다.
  動力(동력) : 움직이는 힘
  自動(자동) : 스스로 움직임 ↔ 手動(수동)
  生動(생동) : 살아서 생기있게 움직임

動 動 動 動 動 動 動
움직일 **동**

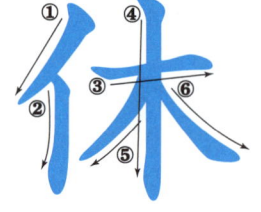

훈 쉴 음 휴
부수 사람 인(亻)
총획 6획

- 유래 시원한 나무 그늘 아래에서 앉아 쉬고 있는 사람의 모습입니다.
- 쓰임 休日(휴일) : 쉬는 날 → 이 달에는 **휴일**이 하나도 없다.
  休紙(휴지) : 못 쓰게 된 종이, 화장지
  休校(휴교) : 학교에서 수업을 쉼
    → 눈 병 때문에 **휴교령**이 내렸다.
  休息(휴식) : 일을 하다가 잠깐 쉼 / 息(쉴 식-4급)

休 休 休 休 休 休 休
쉴 **휴**

제 1 강 확인평가

1 다음 한자의 음을 쓰세요.

(1) 春 (　　　　)   (2) 秋 (　　　　)

(3) 夕 (　　　　)   (4) 時 (　　　　)

(5) 間 (　　　　)   (6) 夏 (　　　　)

(7) 休 (　　　　)   (8) 動 (　　　　)

(9) 午 (　　　　)   (10) 冬 (　　　　)

2 다음 뜻에 맞는 한자를 例에서 찾아 번호를 쓰세요.

> 例
> ① 春　② 秋　③ 冬　④ 時
> ⑤ 動　⑥ 休　⑦ 夏　⑧ 夕

(1) 겨울 (　　　　)   (2) 때 (　　　　)

(3) 움직이다 (　　　　)   (4) 쉬다 (　　　　)

(5) 봄 (　　　　)   (6) 여름 (　　　　)

3 다음 음과 뜻에 맞는 한자를 例에서 찾아 번호를 쓰세요.

> 例
> ① 午　② 秋　③ 休　④ 間　⑤ 夕

(1) 낮 오 (　　　　)   (2) 가을 추 (　　　　)

(3) 사이 간 (　　　　)   (4) 저녁 석 (　　　　)

4 다음 한자어의 음을 쓰세요.

(1) 春三月 (　　　　) 　　(2) 秋夕 (　　　　)

(3) 午前 (　　　　) 　　(4) 時間 (　　　　)

(5) 夕食 (　　　　) 　　(6) 休校 (　　　　)

(7) 間食 (　　　　) 　　(8) 人間 (　　　　)

(9) 夏季 (　　　　) 　　(10) 動力 (　　　　)

5 다음 뜻에 맞는 한자어를 例에서 찾아 번호를 쓰세요.

> 例
> ① 秋水　　② 時空　　③ 休學　　④ 春夏

(1) 가을철의 맑은 물 (　　　　) 　　(2) 봄과 여름 (　　　　)

(3) 다니던 학교를 쉼 (　　　　) 　　(4) 시간과 공간 (　　　　)

6 다음 문장의 밑줄 친 한자어를 한자로 쓰세요.

(1) 올해 할머니의 춘추는 어떻게 되십니까? (　　　　　)

(2) 사차원은 시간과 공간을 뛰어넘는 세계이다. (　　　　　)

(3) 봄은 만물이 생동하는 계절이다. (　　　　　)

한 . 자 . 능 . 력 . 검 . 정

한자 배우기

7급

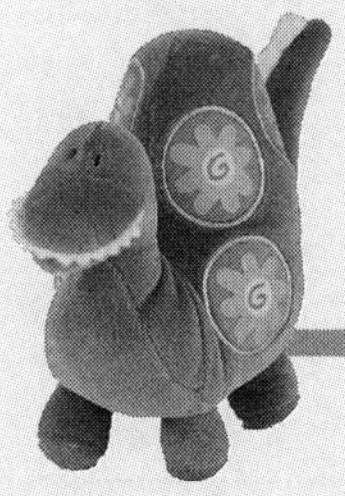

제 2강

天 하늘 천	地 땅 지
	上 윗 상	下 아래 하
左 왼 좌	右 오른 우
前 앞 전	後 뒤 후	出 날 출	入 들 입

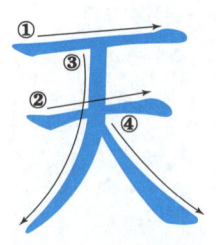

훈 하늘 음 천
부수 큰 대(大)
총획 4획

* 유래: 서 있는 사람이 양팔을 벌리고, 머리 위에 하늘을 이고 있는 모양입니다.
* 쓰임
  天生(천생): 하늘로부터 타고난 → 그는 **천생** 아버지를 쏙 빼닮았다.
  天國(천국): 천상에 있다는 이상 세계
  天下(천하): 하늘 아래, 온 세상 → 그를 보니 **천하**를 얻은 듯하다.
  天上天(천상천): 하늘 위의 또 다른 하늘
* 상대어: 地(땅 지)
* 비슷한 한자: 夫(지아비 부)

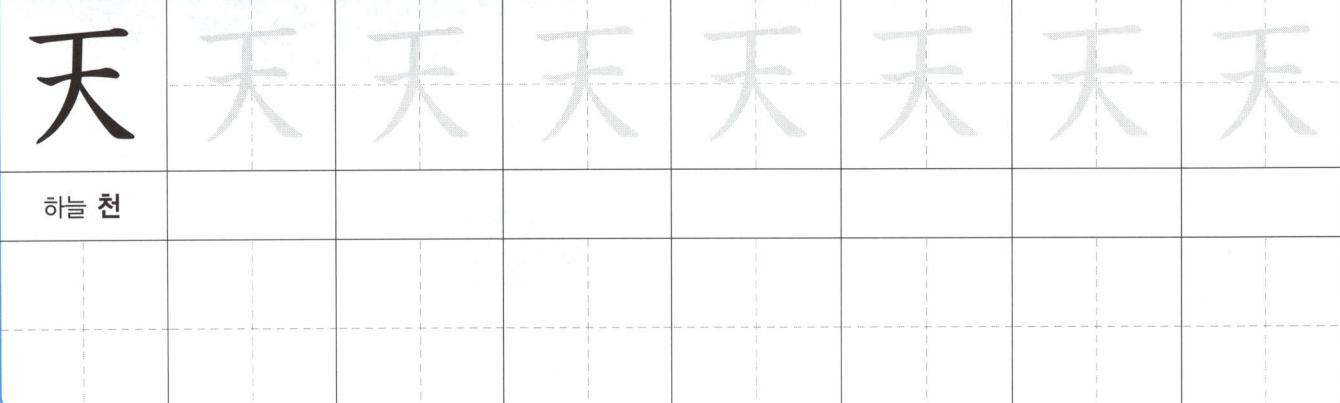

하늘 천

훈 땅 음 지
부수 흙 토(土)
총획 6획

* 유래: 산 언덕의 땅을 파헤치는 멧돼지 모양을 본뜬 것입니다.
* 쓰임
  天地(천지): 하늘과 땅, 온 세상 → 온 **천지**에 꽃이 만발하다.
  地下道(지하도): 땅 속을 파서 만든 도로
  地方(지방): 어느 한 지역 → 남부 **지방**에 비가 많이 내렸다.
  地名(지명): 땅의 이름, 지방·지역 등의 이름
* 상대어: 天(하늘 천)

땅 지

上

- **유래** 긴 가로선 위에 물건이 놓인 모양을 뜻하는 글자입니다.
- **쓰임** 上空(상공) : 높은 하늘
  → 오늘 서울 **상공**에서 곡예 비행이 있을 예정이다.
  海上(해상) : 바다 위
  上水(상수) : 음료수로 사용되는 맑은 물 ↔ 下水(하수)
  上記(상기) : 어떤 글의 위나 앞에 적은 내용 ↔ 下記(하기)
- **상대어** 下(아래 하)

훈 윗 **음** 상
부수 한 일(一)
총획 3획

윗 **상**

下

- **유래** 길게 그은 가로선 아래 물건이 놓여 있는 것을 나타낸 글자입니다.
- **쓰임** 上下(상하) : 위와 아래, 높고 낮음 → 上下水道(상하수도)
  下校(하교) : 수업을 마치고 학교에서 돌아옴
  下午(하오) : 정오부터 밤 12시까지(오후) ↔ 上午(상오)
  下車(하차) : 차에서 내림 ↔ 乘車(승차) / 乘(탈 승-3급)
- **상대어** 上(윗 상)

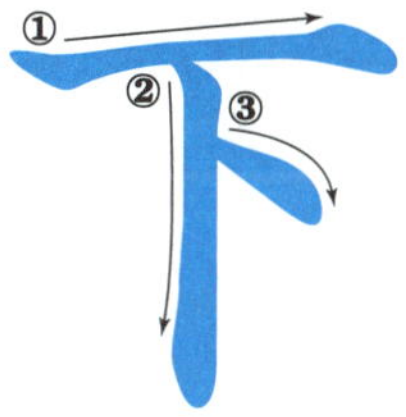

훈 아래 **음** 하
부수 한 일(一)
총획 3획

아래 **하**

- **유래** 목수가 왼손에 공구를 들고 있는 모습입니다.
- **쓰임** 左右(좌우) : 왼쪽과 오른쪽 → 좌우를 둘러보았다.
  左方(좌방) : 왼쪽 ↔ 右方(우방) : 오른쪽
  左中間(좌중간) : 좌익수와 중견수 사이 ↔ 右中間(우중간)
  左心室(좌심실) : 심장 안의 왼쪽 아랫부분 ↔ 右心室(우심실)
- **상대어** 右(오른 우)

훈 왼 음 좌
부수 장인 공(工)
총획 5획

左 왼 **좌**

- **유래** 음식을 집은 오른손을 입에 댄 모습에서 본뜬 글자입니다.
- **쓰임** 右方(우방) : 오른 방향 ↔ 左方(좌방) : 왼 방향
  右便(우편) : 오른쪽 ↔ 左便(좌편) : 왼쪽
  左右間(좌우간) : 어쨌든 간에, 좌우지간
  右翼手(우익수) : 외야의 오른쪽을 맡은 선수 ↔ 左翼手(좌익수)
  　　　　　翼(날개 익-3급)
- **상대어** 左(왼 좌)

훈 오른 음 우
부수 입 구(口)
총획 5획

右 오른 우

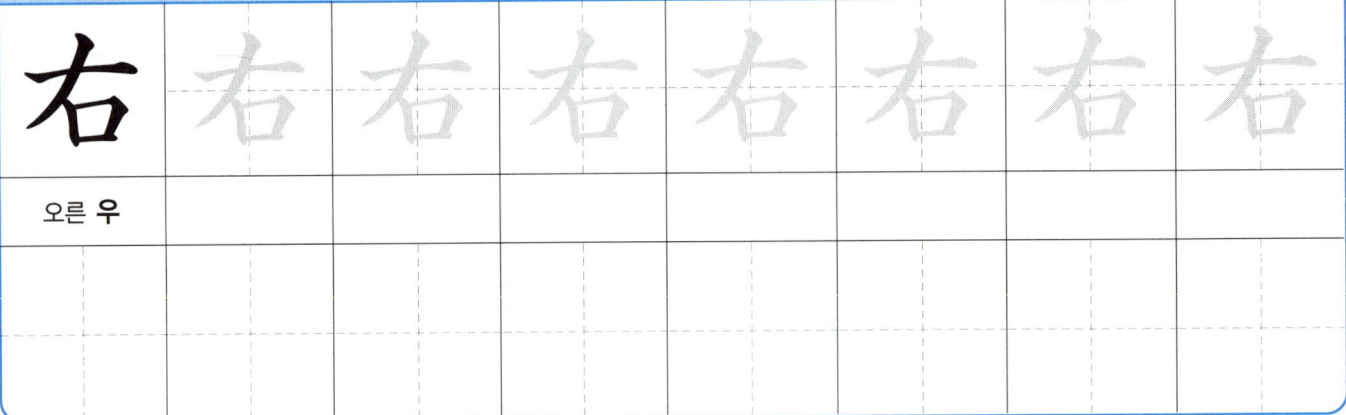

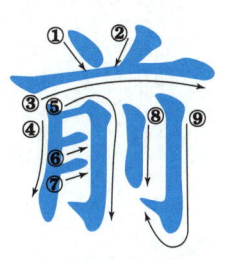

훈 앞 **음** 전

부수 칼 도(刀)

총획 9획

- 유래 나무를 베어 배를 만들어서 타고 나아가는 모양을 본뜬 글자입니다.
- 쓰임 前日(전일) : 전날, 先日(선일) ↔ 後日(후일)
  前生(전생) : 이 세상에 태어나기 전의 세상
      → 나는 **전생**에 토끼이었나 보다.
  門前(문전) : 문 앞 → 門前成市(문전성시) / 成(이룰 성-6급)
  事前(사전) : 무슨 일이 있기 전 ↔ 事後(사후)
- 상대어 後(뒤 후)

前

앞 전

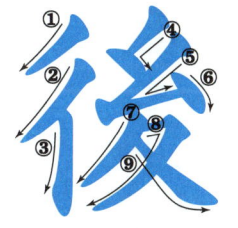

훈 뒤 **음** 후

부수 자축거릴 척(彳)

총획 9획

- 유래 길을 뜻하는 彳(척), 발을 뜻하는 夂(치), 작다는 뜻인 幺(요)가 합쳐져서 작은 걸음으로는 뒤떨어지게 마련이란 뜻입니다.
- 쓰임 後方(후방) : 뒤쪽, 전쟁이 벌어지고 있지 않는 지역 ↔ 前方(전방)
  後事(후사) : 뒷일, 죽은 뒤의 일
      → 그는 나에게 **후사**를 부탁하고 떠났다.
  老後(노후) : 늙어진 뒤 → **노후**의 대책을 미리 세웠다.
  食後(식후) : 밥을 먹은 후 ↔ 食前(식전)
- 상대어 前(앞 전)

後

뒤 후

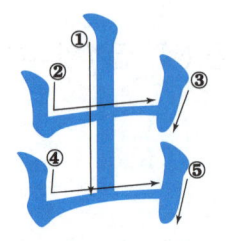

훈 날 음 출
부수 입벌릴 감(凵)
총획 5획

- 유래 집 밖을 향해 발자국이 향한 것으로 '나가다' 라는 뜻입니다.
- 쓰임 出生(출생) : 태어남 → 어제 아들의 **출생** 신고를 하였다.
  出入(출입) : 나가고 들어옴
  出場(출장) : 어떤 곳에 나아감, 운동 경기에 출전함
  家出(가출) : 자기 집을 나감
- 상대어 入(들 입)

出 날 출

훈 들 음 입
부수 들 입(入)
총획 2획

- 유래 두 갈래 선의 끝을 모아 안으로 들어가는 모양입니다.
- 쓰임 入學(입학) : 학교에 들어가 학생이 됨
  ↔ 卒業(졸업) / 卒(마칠 졸-5급)
  入門(입문) : 어떤 학문을 배우는 길에 들어서다.
  入口(입구) : 들어가는 문 ↔ 出口(출구)
  入力(입력) : 필요한 동력이나 자료를 넣음 ↔ 出力(출력)
- 상대어 出(날 출)

入 들 입

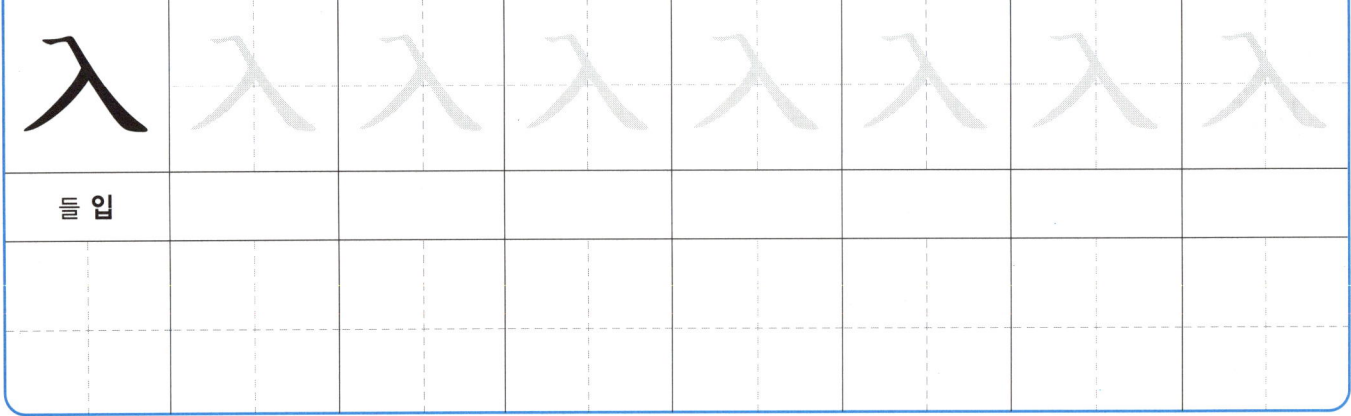

제 2 강 확인평가

1 다음 한자의 음을 쓰세요.

(1) 天 (　　　　)   (2) 上 (　　　　)

(3) 後 (　　　　)   (4) 前 (　　　　)

(5) 右 (　　　　)   (6) 入 (　　　　)

(7) 左 (　　　　)   (8) 地 (　　　　)

2 다음 뜻에 맞는 한자를 例에서 찾아 번호를 쓰세요.

> 例
> ① 地　　② 上　　③ 下　　④ 天
> ⑤ 後　　⑥ 出　　⑦ 入　　⑧ 右

(1) 나오다 (　　　　)   (2) 오른쪽 (　　　　)

(3) 위 (　　　　)   (4) 땅 (　　　　)

(5) 아래 (　　　　)   (6) 뒤 (　　　　)

3 다음 음과 뜻에 맞는 한자를 例에서 번호를 찾아 쓰세요.

> 例
> ① 天　　② 入　　③ 右　　④ 左　　⑤ 前

(1) 왼쪽 좌 (　　　　)   (2) 들 입 (　　　　)

(3) 앞 전 (　　　　)   (4) 하늘 천 (　　　　)

4 다음 한자어의 음을 쓰세요.

(1) 左方 (　　　　)   (2) 前年 (　　　　)

(3) 下山 (　　　　)   (4) 登山 (　　　　)

(5) 入國 (　　　　)   (6) 出家 (　　　　)

(7) 天地 (　　　　)   (8) 老人 (　　　　)

(9) 後學 (　　　　)   (10) 上水 (　　　　)

5 다음 뜻에 맞는 한자어를 例에서 찾아 번호를 쓰시오.

> 例　　① 前生　　② 出身　　③ 天地　　④ 左右

(1) 이 세상에 나오기 이전의 생애 (　　　　)

(2) 계통이나 지역에 의한 신분 (　　　　)

(3) 하늘과 땅 (　　　　)

(4) 왼쪽과 오른쪽 (　　　　)

6 다음 문장의 밑줄 친 한자어를 한자로 쓰세요.

(1) 일요일 <u>오전</u> 일찍 산에 올라갔다. (　　　　)

(2) <u>천국</u>에 들어가려면 이 세상에서 좋은 일을 많이 해야 합니다. (　　　　)

(3) 대중 교통 수단인 <u>지하</u>철은 약속 시간을 잘 지켜 준다. (　　　　)

한 . 자 . 능 . 력 . 검 . 정

한자 배우기

7급

제 3강

손 수 　 발 족

입 구 　 낯 면

마음 심 　 기운 기

평평할 평 　 편안 안 　 기를 육 　 힘 력

훈 손 음 수
부수 손 수(手)
총획 4획

- 유래 다섯 손가락을 편 손의 모양을 본뜬 글자입니다.
- 쓰임 手足(수족) : 손과 발, 마음대로 부리는 사람
  旗手(기수) : 행렬의 앞에서 기를 들고 있는 사람
  手記(수기) : 자신의 체험을 직접 적은 글
  手中(수중) : 손 안, 힘이 미치는 범위
  ↔ 공은 이미 내 **수중**을 벗어났다.

手	手	手	手	手	手	手
손 수						

훈 발 음 족
부수 발 족(足)
총획 7획

- 유래 사람의 허벅지에서 발바닥까지의 모양을 본뜬 글자입니다.
- 쓰임 自足(자족) : 스스로 만족하게 여김
  → 自給自足(자급자족) / 給(줄 급 - 5급)
  滿足(만족) : 부족함이 없이 풍족함 / 滿(찰 만 - 4급)
  不足(부족) : 넉넉하지 않음 → 열심히 모았는데 아직도 **부족**하다.
  足下(족하) : 상대방을 높여 이르는 말

足	足	足	足	足	足	足
발 족						

훈 입 음 구
부수 입 구(口)
총획 3획

- 유래 사람이 입을 크게 벌리고 있는 입모양을 본뜬 글자입니다.
- 쓰임 出口(출구) : 나오는 문 ↔ 入口(입구)
  口語(구어) : 음성으로 나타내는 말 ↔ 文語(문어)
  人口(인구) : 일정 지역 안에 사는 사람 수
     → 도시 **인구**는 계속 늘고 있다.
  口實(구실) : 핑계거리 / 實(열매 실 – 5급)

口							
입 구							

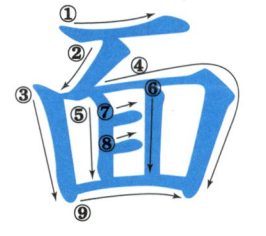

훈 낯 음 면
부수 낯 면(面)
총획 9획

- 유래 눈, 코, 입, 뺨, 이마 등 얼굴 모양을 본뜬 글자입니다.
- 쓰임 面前(면전) : 보고 있는 앞 → **면전**에서 꾸중을 들었다.
  水面(수면) : 물의 표면 → **수면** 아래로 가라앉았다.
  面面(면면) : 여러 면, 여러 사람, 됨됨이
  面刀(면도) : 얼굴의 수염을 깎음 / 刀(칼 도 – 3급)

面						
낯 면						

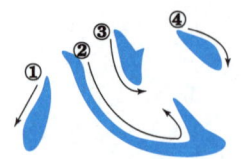

훈 마음	음 심
부수	마음 심(心)
총획	4획

* 유래 사람의 심장 모양을 본뜬 글자입니다.
* 쓰임 同心(동심) : 같은 마음가짐
  心中(심중) : 마음 속 → 그의 **심중**은 알 수 없었다.
  心事(심사) : 마음 속으로 생각하는 일
  中心(중심) : 한가운데, 가장 중요한 역할을 하는 곳
  → 우리 반은 기철이를 **중심**으로 똘똘 뭉쳤다.

心 마음 심

훈 기운	음 기
부수	기운 기(气)
총획	10획

* 유래 손님에게 음식을 대접하다의 뜻 또는 구름의 모양을 나타낸 글자입니다.
* 쓰임 空氣(공기) : 대기권에 있는 기체, 분위기
  氣色(기색) : 얼굴에 나타난 속마음
  → 그녀의 얼굴에는 싫은 **기색**이 역력했다.
  氣力(기력) : 일을 감당할 수 있는 힘
  心氣(심기) : 마음으로 느끼는 기분

氣 기운 기

- 훈 **평평할** 음 **평**
- 부수 방패 간(干)
- 총획 5획

✿ 유래 저울대가 균형을 이루고 있는 모습입니다.

✿ 쓰임 平日(평일) : 평상시, 휴일이나 기념일이 아닌 날
  平面(평면) : 평평한 표면 ↔ 曲面(곡면) / 曲(굽을 곡-5급)
  平生(평생) : 일생, 나서 죽을 때까지
    → 내 **평생**의 소원은 가족의 건강이다.
  公平(공평) : 어느 한 쪽에 치우치지 않고 공정함

平 | 平 | 平 | 平 | 平 | 平 | 平 | 平

평평할 **평**

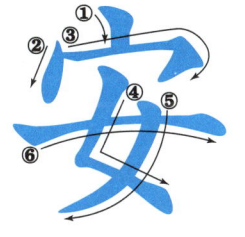

- 훈 **편안** 음 **안**
- 부수 집 면(宀)
- 총획 6획

✿ 유래 집 안에 여자가 조용하게 혼자 앉아 있는 모습입니다.

✿ 쓰임 平安(평안) : 무사하여 걱정이 없음 → 가족 모두 **평안**하십니다.
  安全(안전) : 위험하지 않음, 아무 탈이 없음
  問安(문안) : 웃어른께 안부를 물음
  安心(안심) : 근심·걱정 없이 마음을 놓음 ↔ 不安(불안)
    → **안심**하고 자녀를 학교에 보내시기 바랍니다.

安 | 安 | 安 | 安 | 安 | 安 | 安

편안 **안**

| 훈 | 기를 | 음 | 육 |

부수 고기 육·달 월(月)

총획 8획

- 유래 처음 글자는 '毓' 자로 어머니가 아이를 낳을 때 모습을 본뜬 글자입니다.
- 쓰임 教育(교육) : 지식이나 품성을 가르침 → 教育大學(교육대학)
  生育(생육) : 생물이 태어나서 자람
  育林(육림) : 나무를 가꾸는 것
  發育(발육) : 생물이 차차 자라남 / 發(필 발-6급)

育 育 育 育 育 育 育

기를 육

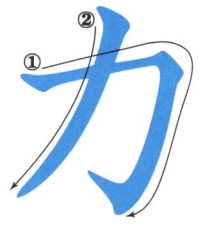

| 훈 | 힘 | 음 | 력 |

부수 힘 력(力)

총획 2획

- 유래 물건을 들어 올릴 때 힘을 잔뜩 준 팔에 생기는 근육 모양을 본뜬 글자입니다.
- 쓰임 主力(주력) : 중심이 되는 힘 → **주력** 부대가 전방으로 이동 중이다.
  動力(동력) : 움직이게 하는 힘
  風力(풍력) : 바람의 힘
  力道(역도) : 역기를 들어서 힘을 겨루는 경기

力 力 力 力 力 力 力

힘 력

제 3강 확인평가

1 다음 한자의 음을 쓰세요.

(1) 育 (　　　)　　(2) 力 (　　　)

(3) 氣 (　　　)　　(4) 平 (　　　)

(5) 口 (　　　)　　(6) 面 (　　　)

(7) 足 (　　　)　　(8) 心 (　　　)

2 다음 뜻에 맞는 한자를 例에서 찾아 번호를 쓰세요.

> 例
> ① 手　② 口　③ 安　④ 氣
> ⑤ 面　⑥ 心　⑦ 育　⑧ 力

(1) 입 (　　　)　　(2) 기운 (　　　)

(3) 마음 (　　　)　　(4) 낯 (　　　)

(5) 기르다 (　　　)　　(6) 힘 (　　　)

3 다음 음과 뜻에 맞는 한자를 例에서 찾아 번호를 쓰세요.

> 例
> ① 平　② 心　③ 手　④ 足　⑤ 安

(1) 손 수 (　　　)　　(2) 편안 안 (　　　)

(3) 발 족 (　　　)　　(4) 평평할 평 (　　　)

4 다음 한자어의 음을 쓰세요.

(1) 心中 (   )   (2) 口語 (   )

(3) 平生 (   )   (4) 安全 (   )

(5) 手話 (   )   (6) 氣力 (   )

(7) 不足 (   )   (8) 面前 (   )

(9) 育林 (   )   (10) 力道 (   )

5 다음 음과 뜻에 맞는 한자어를 例에서 찾아 번호를 쓰세요.

> 例
> ① 手足   ② 平地   ③ 安心   ④ 氣色

(1) 손과 발 (   )   (2) 평평한 곳 (   )

(3) 마음을 놓음 (   )   (4) 얼굴에 나타난 빛 (   )

6 다음 문장의 밑줄 친 한자어를 한자로 쓰세요.

(1) 댁내 두루 평안하십니까? (   )

(2) 한 나라의 교육은 그 나라의 미래를 좌우한다. (   )

(3) 뉴턴은 중력의 법칙을 발견했다. (   )

한 · 자 · 능 · 력 · 검 · 정

한자 배우기 7급

제 4강

里	村
마을 리	마을 촌

洞	邑
골 동	고을 읍

農	事
농사 농	일 사

市	場	住	所
저자 시	마당 장	살 주	바 소

훈 마을	음 리
부수	마을 리(里)
총획	7획

- 유래 밭 전(田)과 흙 토(土)를 합친 글자입니다.
- 쓰임 千里(천리) : 약 400km, 아주 먼 거리 → **천리** 길도 한 걸음부터
  里長(이장) : 마을을 대표하는 사람
  海里(해리) : 해상에서 거리를 나타내는 단위
  洞里(동리) : 지역 행정 단위인 洞(동)과 里(리)

里 마을 리

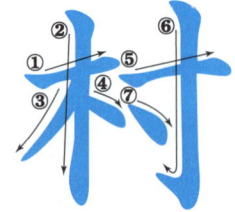

훈 마을	음 촌
부수	나무 목(木)
총획	7획

- 유래 숲에 둘러싸여 있는 작은 마을을 뜻합니다.
- 쓰임 村長(촌장) : 마을의 어른 → 옛날에는 마을마다 **촌장**님이 계셨다.
  農村(농촌) : 농사를 주업으로 사는 마을
          → 산업화 시대에 **농촌**을 떠난 사람들이 많았다.
  南村(남촌) : 남쪽에 있는 마을 ↔ 北村(북촌)
  村家(촌가) : 시골에 있는 집

村 마을 촌

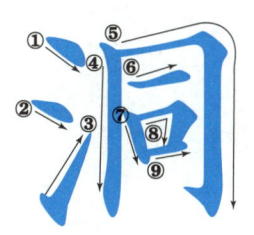

훈 골 음 동(밝을 통)
부수 삼수 변(氵)
총획 9획

- 유래: 물살이 급하게 흘러가는 것을 뜻하기 위해 만든 글자입니다.
- 쓰임:
  - 洞門(동문): 동굴의 입구나 그 곳에 세운 문
  - 洞內(동내): 동네 안
  - 洞民(동민): 어떤 동네나 동에 함께 사는 사람
  - 空洞(공동): 아무 것도 없이 텅 빈

洞	洞	洞	洞	洞	洞	洞	洞
골 동							

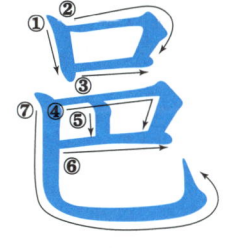

훈 고을 음 읍
부수 고을 읍(邑)
총획 7획

- 유래: 고을의 영역을 나타내는 '口'와 사람이 쪼그리고 앉아 있는 모습(巴)을 나타낸 글자입니다.
- 쓰임:
  - 邑內(읍내): 읍의 구역 안 → 아버지께서는 읍내에 가셨다.
  - 邑民(읍민): 읍내에 사는 사람
  - 邑俗(읍속): 읍내의 풍속 / 俗(풍속 속-4급)
  - 小邑(소읍): 작은 고을
- 비슷한 한자: 色(빛 색)

邑	邑	邑	邑	邑	邑	邑	邑
고을 읍							

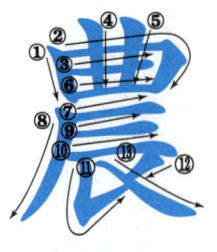

훈 농사 음 농
부수 때 신(辰)
총획 13획

- 유래: 농부가 밭에서 호미를 들고 부지런히 일을 하는 모습입니다.
- 쓰임:
  - 農事(농사) : 곡식이나 채소의 씨를 뿌리고 거두어들이는 일
  - 農土(농토) : 농사를 짓는 땅
  - 農夫(농부) : 농사를 업으로 하는 사람
  - 農夫歌(농부가) : 농사일을 하면서 부르는 노래

農 농사 **농**

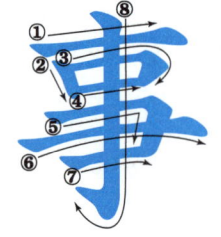

훈 일 음 사
부수 갈고리 궐(亅)
총획 8획

- 유래: 붓을 들고 열심히 글을 쓰는 사람의 모습입니다.
- 쓰임:
  - 事物(사물) : 일이나 물건 → **사물**을 유심히 쳐다보았다.
  - 大事(대사) : 큰일 ↔ 小事(소사)
  - 人事(인사) : 안부를 묻거나 공경의 뜻을 나타내는 말이나 행동
  - 事後(사후) : 일이 끝난 후 ↔ 事前(사전)

事 일 사

훈 저자 음 시
부수 수건 건(巾)
총획 5획

- 유래: 최초의 시장은 우물가라고 합니다. 이 시장을 나타내는 팻말 모양에서 유래되었습니다.
- 쓰임
  - 市場(시장): 여러 가지 물건을 사고파는 장소
  - 都市(도시): 상공업이 발달하여 사람이 모여 사는 곳 ↔ 農村(농촌)
  - 市立(시립): 시에서 운영하여 세운 것
    → **시립** 도서관에서 기말 고사 시험 준비를 하였다.
  - 市外(시외): 시 경계의 밖

저자 **시**

훈 마당 음 장
부수 흙 토(土)
총획 12획

- 유래: 제사를 지내기 위해서 평평하게 골라 놓은 '땅'을 나타낸 것입니다.
- 쓰임
  - 場內(장내): 어떤 장소의 내 → **장내**에서는 조용히 하여야 한다.
  - 場所(장소): 무엇이 있거나 어떤 일이 벌어진 곳
  - 場面(장면): 어떤 곳에서 벌어진 모습
  - 運動場(운동장): 운동 경기를 하기 위한 넓은 장소
    運(옮길 운-6급)

마당 **장**

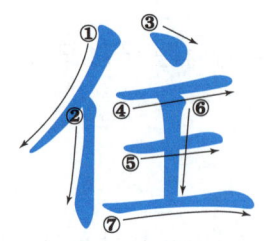

훈 살 **음** 주

부수 사람 인(人)

총획 7획

- 유래 '亻'은 의미 요소로 '主'는 발음 요소로 사람이 머무르다는 뜻입니다.
- 쓰임 安住(안주) : 자리를 잡고 편안하게 삶 → 현실에 **안주**하며 살다.
  住民(주민) : 일정한 곳에 자리를 잡고 사는 사람
  入住(입주) : 특정한 집이나 장소에 살기 위해 들어감
  住居地(주거지) : 사람이 살고 있는 곳 / 居(살 거-4급)
- 비슷한 한자 主(주인 주) 往(갈 왕-4급)

住 살 주

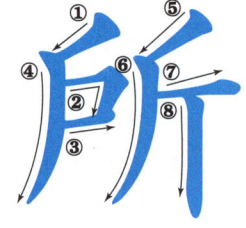

훈 바 **음** 소

부수 지게 호(戶)

총획 8획

- 유래 도끼 근(斤)은 의미 요소로, 지게 호(戶)는 발음 요소입니다.
- 쓰임 所有(소유) : 자기 것으로 가짐
  所生(소생) : 자기가 낳은 자녀 → 슬하에 **소생**이 없다.
  住所(주소) : 사는 곳의 행정 구역상의 번지
  所重(소중) : 매우 귀함 → **소중**하게 간직하다.

所 바 소

제 4강 확인평가

1 다음 한자의 음을 쓰세요.

(1) 里 (　　　)　　(2) 村 (　　　)

(3) 場 (　　　)　　(4) 住 (　　　)

(5) 所 (　　　)　　(6) 事 (　　　)

(7) 市 (　　　)　　(8) 農 (　　　)

2 다음 뜻에 맞는 한자를 例에서 찾아 번호를 쓰세요.

> 例
> ① 市　　② 場　　③ 邑　　④ 住
> ⑤ 農　　⑥ 事　　⑦ 所　　⑧ 里

(1) 마을 (　　　)　　(2) 농사 (　　　)

(3) 일 (　　　)　　(4) 마당 (　　　)

(5) 살다 (　　　)　　(6) 저자(시장) (　　　)

3 다음 음과 뜻에 맞는 한자를 例에서 찾아 번호를 쓰세요.

> 例
> ① 村　　② 所　　③ 住　　④ 邑　　⑤ 里

(1) 마을 리 (　　　)　　(2) 마을 촌 (　　　)

(3) 고을 읍 (　　　)　　(4) 바 소 (　　　)

4 다음 한자어의 음을 쓰세요.

(1) 住民 (　　　　)　　(2) 市立 (　　　　)

(3) 所長 (　　　　)　　(4) 村老 (　　　　)

(5) 事大 (　　　　)　　(6) 農事 (　　　　)

(7) 邑人 (　　　　)　　(8) 場面 (　　　　)

(9) 場所 (　　　　)　　(10) 千里 (　　　　)

5 다음 뜻에 맞는 한자어를 例에서 찾아 번호를 쓰세요.

> 例
> ① 里長　　② 事物　　③ 住宅　　④ 洞里

(1) 동네, 마을 (　　　　)　　(2) 마을의 우두머리 (　　　　)

(3) 사람이 사는 집 (　　　　)　　(4) 일이나 물건 (　　　　)

6 다음 문장의 밑줄 친 한자어를 한자로 쓰세요.

(1) 어머니는 <u>읍내</u>에 장을 보러 가셨습니다. (　　　　)

(2) 우리 옆 마을에는 <u>공장</u>이 밀집되어 있다. (　　　　)

(3) <u>농촌</u> 인구는 산업화 이후 급격히 줄었다. (　　　　)

한 . 자 . 능 . 력 . 검 . 정

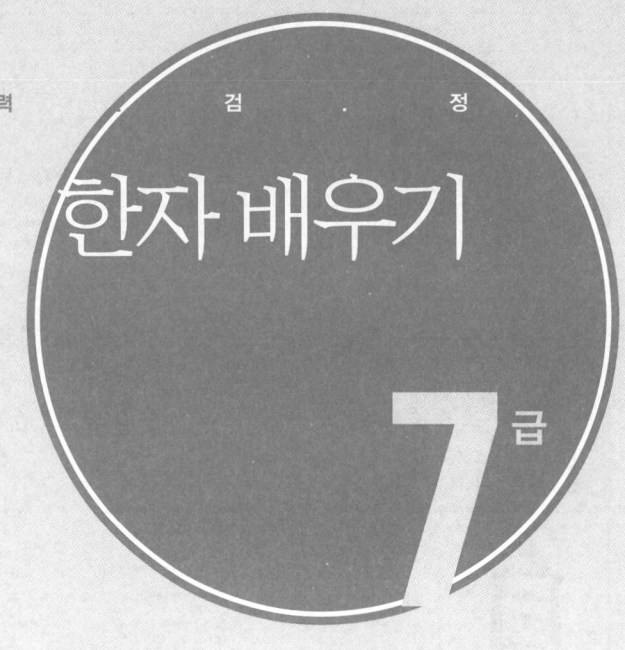
한자 배우기
7급

제 5강

自	然
스스로 자	그럴 연

川	江
내 천	강 강

海	草
바다 해	풀 초

花	林	植	物
꽃 화	수풀 림	심을 식	물건 물

훈 스스로 음 자
부수 스스로 자(自)
총획 6획

- 유래 사람들이 자신을 가리킬 때 코를 가리키는 모양을 본뜬 글자입니다.
- 쓰임 自立(자립) : 자신의 힘으로 해결해 나감
  自動門(자동문) : 자동으로 여닫게 되는 문
  自首(자수) : 죄를 지은 사람이 스스로 신고함 / 首(머리 수-5급)
  自力(자력) : 스스로의 힘 ↔ 他力(타력) / 他(다를 타-5급)
- 비슷한 글자 白(흰 백)

自 스스로 자

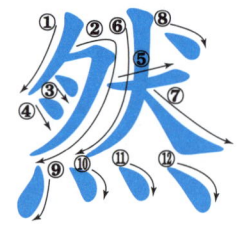

훈 그럴 음 연
부수 불 화(火)
총획 12획

- 유래 개를 잡을 때, 털을 불에 태우는 모습입니다.
- 쓰임 自然(자연) : 사람이나 물질의 본디 성질
  天然(천연) : 가공하지 않은 자연 그대로의 상태 ↔ 人工(인공)
    → **천연** 자원의 보고, 아프리카!
  本然(본연) : 조작을 가하지 않은 본래 모습
  然後(연후) : 어떤 일을 한 뒤 → 그 사건 **연후**에 그가 없어졌다.

然 그럴 연

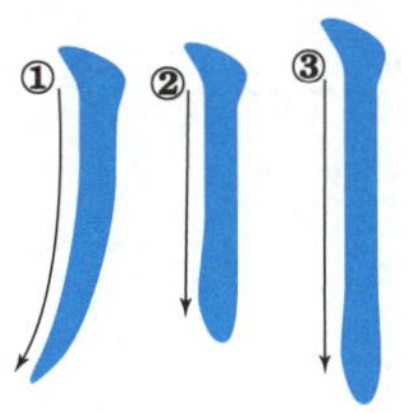

川

훈 내 **음** 천

부수 내 천(川)
총획 3획

- ✿ 유래 양쪽 언덕 사이로 냇물이 흐르는 모습입니다.
- ✿ 쓰임 山川(산천) : 산과 내, 자연의 경치 → 山川草木(산천초목)
  大川(대천) : 큰 내, 이름난 내
  　　　　→ 남대천으로 연어들이 돌아오고 있습니다.
  河川(하천) : 시냇물, 작은 강 / 河(물 하-5급)
  川魚(천어) : 냇물에 사는 고기 / 魚(고기 어-5급)

川
내 천

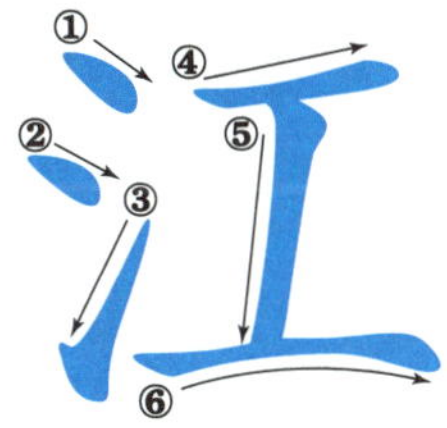

江

훈 강 **음** 강

부수 삼수 변(氵)
총획 6획

- ✿ 유래 중국 양자강을 가리키는 글자로 氵(水)와 工을 합친 글자입니다.
- ✿ 쓰임 江南(강남) : 강의 남쪽, 서울에서 한강의 남쪽 ↔ 江北(강북)
  江村(강촌) : 강가의 마을
  江山(강산) : 강과 산, 자연의 경치 → 아름다운 우리 강산
  渡江(도강) : 강을 건너감 / 渡(건널 도-3급)
- ✿ 비슷한 글자 工(장인 공)

江
강 강

훈 바다 **음** 해

부수 삼수 변(氵)

총획 10획

- ✿ 유래 氵가 의미 요소로 每는 발음 요소로 육지에 붙어 있는 바다를 가리킵니다.
- ✿ 쓰임 東海(동해) : 동쪽에 있는 바다 ↔ 西海(서해)

  海水(해수) : 바닷물

  海外(해외) : 바다의 밖, 외국 → 올 여름엔 **해외**로 여행을 갔다.

  海女(해녀) : 바다 속의 해산물 채취를 업으로 하는 여자
- ✿ 비슷한 글자 每(매양 매)

바다 해

훈 풀 **음** 초

부수 풀 초(艹)

총획 10획

- ✿ 유래 파릇파릇 풀들이 쑥쑥 자라는 모양입니다.
- ✿ 쓰임 草木(초목) : 풀과 나무 → **초목**이 무성하다.

  草家(초가) : 볏짚이나 갈대를 엮어 지붕을 인 집

  → 草家三間(**초가**삼간)

  草食(초식) : 풀이나 식물만 먹음 ↔ 肉食(육식) / 肉(고기 육-4급)

  藥草(약초) : 약으로 쓰이는 풀 藥(약 약-6급)

풀 초

훈 꽃 음 화
부수 풀 초(艹)
총획 8획

- 유래 한 송이 예쁜 꽃이 피어 있는 모습을 그린 것입니다.
- 쓰임 花草(화초) : 꽃이 피는 풀과 나무
  → 화단에 **화초**가 잔뜩 심겨져 있다.
  生花(생화) : 살아 있는 진짜 꽃 ↔ 造花(조화) / 造(지을 조 - 4급)
  國花(국화) : 나라를 상징하는 꽃
  → 우리 나라의 **국화**는 무궁화이다.
  名花(명화) : 이름나고 아름다운 꽃

花 | 花 | 花 | 花 | 花 | 花 | 花

꽃 화

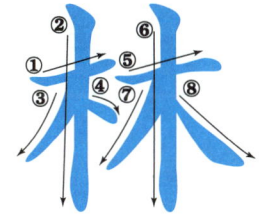

훈 수풀 음 림
부수 나무 목(木)
총획 8획

- 유래 木자를 두개 겹쳐서 숲이란 뜻을 나타낸 것입니다.
- 쓰임 林木(임목) : 숲을 이룬 나무
  育林(육림) : 나무를 심어 숲을 가꾸는 일
  農林(농림) : 농업과 임업
  山林(산림) : 산에 있는 숲
- 비슷한 글자 木(나무 목)

林 | 林 | 林 | 林 | 林 | 林 | 林

수풀 림

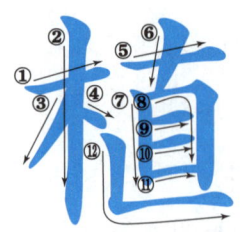

훈 심을 음 식
부수 나무 목(木)
총획 12획

🌸 유래 대문의 빗장에 세로로 끼운 나무 막대를 가리킨 것입니다.

🌸 쓰임 植物(식물) : 꽃, 나무, 채소 등의 생물체 ↔ 動物(동물)
植字(식자) : 인쇄에서 원고대로 글씨를 짜는 일
植木日(식목일) : 나무 심는 날, 4월 5일
→ 올해 **식목일**에는 사과나무를 심었다.
植民地(식민지) : 주권이 다른 나라에 예속된 나라

植 | 植 | 植 | 植 | 植 | 植 | 植

심을 **식**

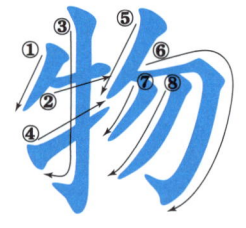

훈 물건 음 물
부수 소 우(牛)
총획 8획

🌸 유래 소 우(牛)와 말 물(勿)이 합쳐진 글자로, 농가에서 소는 가장 대표적인 물건이었기에 그 뜻이 유래되었습니다.

🌸 쓰임 動物(동물) : 어류, 포유류, 조류 등 식물이 아닌 생물체들
人物(인물) : 어떤 역할을 하는 사람, 인재
萬物(만물) : 온갖 물건 → 사람은 **만물**의 영장이다.
物件(물건) : 일정한 모양을 가진 물체 / 件(물건 건-5급)

物 | 物 | 物 | 物 | 物 | 物 | 物

물건 **물**

제 **5** 강　　확인평가

1 다음 한자의 음을 쓰세요.

(1) 自 (　　　　)　　　(2) 江 (　　　　)

(3) 海 (　　　　)　　　(4) 然 (　　　　)

(5) 草 (　　　　)　　　(6) 林 (　　　　)

(7) 植 (　　　　)　　　(8) 物 (　　　　)

2 다음 뜻에 맞는 한자를 例에서 찾아 번호를 쓰세요.

> 例
> ① 自　　② 然　　③ 川　　④ 海
> ⑤ 花　　⑥ 林　　⑦ 植　　⑧ 物

(1) 스스로 (　　　　)　　(2) 그러하다 (　　　　)

(3) 심다 (　　　　)　　　(4) 바다 (　　　　)

(5) 내 (　　　　)　　　　(6) 꽃 (　　　　)

3 다음 음과 뜻에 맞는 한자를 例에서 찾아 번호를 쓰세요.

> 例
> ① 江　　② 海　　③ 林　　④ 草　　⑤ 物

(1) 강 강 (　　　　)　　(2) 수풀 림 (　　　　)

(3) 물건 물 (　　　　)　　(4) 풀 초 (　　　　)

4 다음 한자어의 음을 쓰세요.

(1) 自生 (   )   (2) 水草 (   )

(3) 然後 (   )   (4) 物主 (   )

(5) 江山 (   )   (6) 植物 (   )

(7) 海女 (   )   (8) 山林 (   )

(9) 花心 (   )   (10) 南大川 (   )

5 다음 뜻에 맞는 한자어를 例에서 찾아 번호를 쓰세요.

例
① 林學   ② 食事   ③ 自動   ④ 海物

(1) 바다에서 나는 물건 (   )

(2) 산림에 대하여 연구하는 학문 (   )

(3) 저절로 움직임 (   )

(4) 밥을 먹는 일 (   )

6 다음 문장의 밑줄 친 한자어를 한자로 쓰세요.

(1) 우리의 바다는 막강 해군이 지킨다. (   )

(2) 4월 5일은 식목일입니다. (   )

(3) 자연은 우리가 지켜야 할 소중한 것입니다. (   )

한 · 자 · 능 · 력 · 검 · 정

한자 배우기 7급

제 6강

일백 백

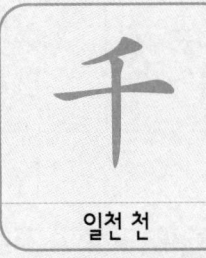
일천 천

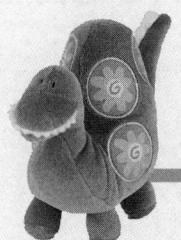
셈 산

셈 수

글월 문

글자 자

말씀 어

말씀 화

노래 가

기록할 기

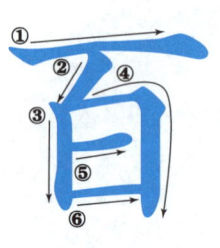

훈 일백 음백
부수 흰 백(白)
총획 6획

- 유래 '白'자에 구별 부호인 '∧'가 첨가된 것 또는 'ㅡ'이 추가된 것이라고 합니다.
- 쓰임 百方(백방) : 여러 방면 → 동생을 찾아 **백방**으로 돌아다녔다.
  百世(백세) : 아주 오랜 세대
  六百(육백) : 숫자 육백
  萬百姓(만백성) : 모든 백성, 온 국민
- 비슷한 글자 白(흰 백)

百	百	百	百	百	百	百
일백 **백**						

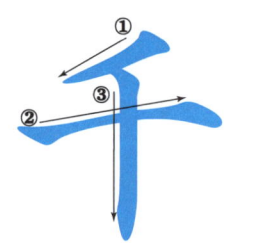

훈 일천 음천
부수 열 십(十)
총획 3획

- 유래 사람 옆에 줄을 하나 그어 놓은 것을 본뜬 글자입니다.
- 쓰임 千秋(천추) : 오래고 긴 세월 → **천추**의 한을 풀었다.
  千金(천금) : 아주 많은 돈 → **천금**을 준다 해도 바꿀 수 없다.
  千里眼(천리안) : 먼 데서 일어난 일을 알아맞히는 능력
  　　　　　　　眼(눈 안-4급)
  數千(수천) : 천의 여러 배에 이르는 수

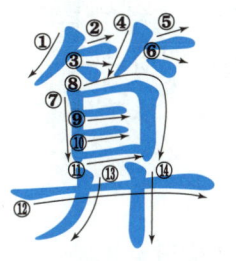

훈 셈 음 산

부수 대 죽(竹)

총획 14획

- 유래: 수효를 셀 때 쓴 대나무와 갖출 구(具)가 합쳐진 글자입니다.
- 쓰임:
  - 算出(산출) : 계산해 냄
    → 산출된 결과를 보고 대책을 세웠다.
  - 心算(심산) : 마음 속으로 계산함, 속셈
  - 計算(계산) : 식을 연산하여 수치를 구하여 냄
  - 算數(산수) : 수학 과목을 예전에 이르던 말

算 算 算 算 算 算 算

셈 산

훈 셈 음 수

부수 칠 복(攵)

총획 15획

- 유래: 攵는 막대기(또는 손)를 뜻하며 수를 '헤아리다' 라는 뜻으로 쓰인 의미입니다.
- 쓰임:
  - 數學(수학) : 수량이나 도형의 원리를 배우는 학문
  - 同數(동수) : 같은 수 → 男女同數(남녀동수)
  - 數日(수일) : 여러 날 → 수일 내에 마무리가 될 예정이다.
  - 數命(수명) : 타고난 목숨의 연한

數 數 數 數 數 數 數

셈 수

훈 글월 음 문
부수 글월 문(文)
총획 4획

- 유래: 사람의 심장 모양의 무늬 또는 교차 무늬를 본뜬 것입니다.
- 쓰임:
  - 文人(문인) : 글 쓰는 일에 종사하는 사람
  - 文法(문법) : 문장의 구성 법칙 / 法(법 법-5급)
    → 아무리 공부해도 영어 **문법**은 어렵다.
  - 注文(주문) : 판매자에게 물건의 제공을 요구하다. / 注(부을 주-6급)
  - 天文(천문) : 천체와 기상의 현상

文 글월 문

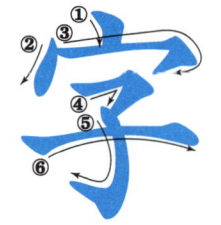

훈 글자 음 자
부수 아들 자(子)
총획 6획

- 유래: 집 면(宀)과 아이 자(子)가 합쳐서 아이를 낳다라는 뜻을 나타낸 것입니다.
- 쓰임:
  - 正字(정자) : 글씨를 또박또박 바르게 씀
  - 文字(문자) : 사람들이 의사 소통을 위해 글로 쓴 것
  - 活字(활자) : 활판 인쇄에 쓰이는 일정한 규격의 글자
  - 字音(자음) : 한자의 음 / 音(소리 음-6급)

字 글자 자

한자 배우기 제6강

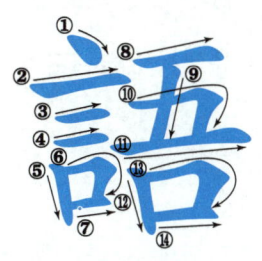

훈 말씀	음 어
부수	말씀 언(言)
총획	14획

* 유래 말씀 언(言)은 말을 뜻하는 의미 요소, 나 오(吾)는 발음 요소입니다.
* 쓰임 國語(국어) : 우리 나라의 언어
  → **국어**는 내가 가장 좋아하는 과목이다.
  語學(어학) : 언어를 연구하는 학문
  語文(어문) : 말과 글
  外國語(외국어) : 다른 나라의 언어
* 비슷한 글자 話(말씀 화)

語 語 語 語 語 語 語

말씀 어

훈 말씀	음 화
부수	말씀 언(言)
총획	13획

* 유래 말씀 언 '言'과 혀 설 '舌'이 합쳐진 글자입니다.
* 쓰임 電話(전화) : 먼 곳에 있는 사람끼리 대화를 나누는 장치
  手話(수화) : 손짓으로 주고받는 말
  神話(신화) : 국가의 기원이나 신의 이야기를 다룬 이야기
      神(귀신 신-6급)
  話頭(화두) : 이야기의 첫머리 / 頭(머리 두-6급)

話 話 話 話 話 話 話

말씀 화

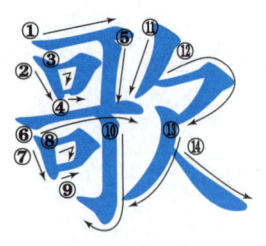

훈 노래 음 가
부수 하품 흠(欠)
총획 14획

- 유래: 사람이 하품을 할 때 입을 크게 벌리는 뜻에서 유래하였습니다.
- 쓰임:
  - 軍歌(군가) : 군대에서 주로 부르는 노래
  - 歌手(가수) : 노래 부르는 것을 업으로 하는 사람
    → 커서 **가수**가 되고 싶다.
  - 名歌(명가) : 유명하여 널리 불려지는 노래
  - 校歌(교가) : 학교를 나타내는 노래

歌 歌 歌 歌 歌 歌 歌

노래 가

훈 기록할 음 기
부수 말씀 언(言)
총획 10획

- 유래: 사람들의 크고 작은 일이나 주고받은 말을 적어둔다라는 뜻입니다.
- 쓰임:
  - 記事(기사) : 신문이나 잡지에 사실을 알리려 싣는 글
  - 記入(기입) : 적어 넣음
  - 後記(후기) : 덧붙여 기록한 글 ↔ 前記(전기)
  - 登記(등기) : 권리 등을 밝혀 적음 → 소포를 **등기**로 부쳤다.

記 記 記 記 記 記 記

기록할 기

제 6 강 확인평가

1 다음 한자의 음을 쓰세요.

(1) 百 (　　　)　　　(2) 字 (　　　)

(3) 歌 (　　　)　　　(4) 記 (　　　)

(5) 算 (　　　)　　　(6) 數 (　　　)

(7) 文 (　　　)　　　(8) 語 (　　　)

2 다음 뜻에 맞는 한자를 例에서 찾아 번호를 쓰세요.

例
① 千　　② 百　　③ 數　　④ 文
⑤ 記　　⑥ 歌　　⑦ 話　　⑧ 字

(1) 말씀 (　　　)　　　(2) 일천 (　　　)

(3) 셈 (　　　)　　　(4) 기록하다 (　　　)

(5) 노래 (　　　)　　　(6) 글월 (　　　)

3 다음 음과 뜻에 맞는 한자를 例에서 찾아 번호를 쓰세요.

例
① 百　　② 字　　③ 語　　④ 算　　⑤ 歌

(1) 일백 백 (　　　)　　　(2) 말씀 어 (　　　)

(3) 셈 산 (　　　)　　　(4) 글자 자 (　　　)

4 다음 한자어의 음을 쓰세요.

(1) 百性 (   )   (2) 話頭 (   )

(3) 千年 (   )   (4) 記入 (   )

(5) 校歌 (   )   (6) 文字 (   )

(7) 語文 (   )   (8) 算數 (   )

(9) 言語 (   )   (10) 數學 (   )

5 다음 뜻에 맞는 한자어를 例에서 찾아 번호를 쓰세요.

> 例
> ① 記事   ② 算出   ③ 千金   ④ 歌手

(1) 사실을 기록함 (   )   (2) 노래를 부르는 사람 (   )

(3) 많은 돈이나 비싼 값 (   )   (4) 계산을 해냄 (   )

6 다음 문장의 밑줄 친 한자어를 한자로 쓰세요.

(1) 지연이는 장차 기자가 되어 기사를 쓰고 싶습니다. (   )

(2) 어학 연수를 떠나는 학생이 많이 늘고 있다. (   )

(3) 이번 한자 능력 시험 7급에 합격하였습니다. (   )

한 · 자 · 능 · 력 · 검 · 정

한자 배우기

7급

제 7강

姓	名
성 성	이름 명

男 사내 남

子 아들 자

祖 할아비 조

孝 효도 효

늙을 로

적을 소

지아비 부

主 주인 주

훈 성 **음** 성

부수 계집 녀(女)

총획 8획

- 유래 女와 生이 의미 요소로 쓰여 '태어난 곳'을 뜻하는 글자입니다.
- 쓰임 姓名(성명) : 성과 이름 → **성명**을 정확히 적어 넣었다.
  本姓(본성) : 본래의 성씨 / 本(근본 본-6급)
  → 너의 원래 **본성**은 김씨냐, 아니면 이씨냐?
  同姓(동성) : 성이 같은 사람 → 同姓同本(동성동본)
  姓字(성자) : 성을 나타내는 글자
- 비슷한 글자 性(성품 성-5급)

姓 | 姓 | 姓 | 姓 | 姓 | 姓 | 姓

성 성

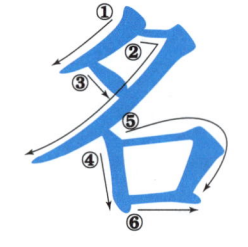

훈 이름 **음** 명

부수 입 구(口)

총획 6획

- 유래 어두운 밤에 서로를 잘 알아볼 수 없어서 입으로 자신의 이름을 밝힌 데서 그 뜻이 유래하였습니다.
- 쓰임 名山(명산) : 이름이 많이 알려진 아름다운 산
  名家(명가) : 이름난 집안, 名門(명문)
  名所(명소) : 유명한 장소 → 이 약수터는 우리 동네의 **명소**이다.
  有名(유명) : 이름이 널리 알려져 있음
  → 외삼촌은 **유명**한 배우이다.

名 | 名 | 名 | 名 | 名 | 名 | 名

이름 명

훈 사내 음 남

부수 밭 전(田)

총획 7획

- 유래 밭에서 열심히 농사일을 하는 남자를 뜻하는 것으로 田과 力을 합쳤습니다.
- 쓰임 男子(남자) : 사나이 ↔ 女子(여자)

  長男(장남) : 맏아들 → 형은 우리 집안의 **장남**이다.

  男便(남편) : 결혼하여 여자의 짝이 된 남자 ↔ 아내

  男學生(남학생) : 남자 학생 ↔ 女學生(여학생)
- 상대어 女(계집 녀)

男 | 男 | 男 | 男 | 男 | 男 | 男

사내 **남**

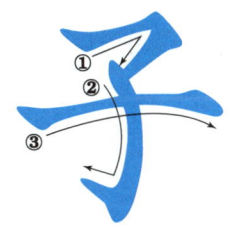

훈 아들 음 자

부수 아들 자(子)

총획 3획

- 유래 강보에 쌓인 아기가 두 팔을 위로 올린 모습입니다.
- 쓰임 子女(자녀) : 아들과 딸 → **자녀**는 모두 5명이다.

  天子(천자) : 중국의 황제를 일컫던 말

  子正(자정) : 밤 12시

  弟子(제자) : 선생님으로부터 가르침을 받는 사람
- 상대어 父(아비 부)

 | 子 | 子 | 子 | 子 | 子 | 子 | 子

아들 **자**

훈 할아비 음 조
부수 보일 시(示)
총획 10획

- 유래 제단에 제물을 쌓아놓고 조상께 제사를 지낼 때 세워 놓은 위패 모양을 본뜬 글자입니다.
- 쓰임 先祖(선조) : 한 집안의 조상
  - 祖國(조국) : 자기가 태어난 나라 → 나의 **조국**을 사랑합니다.
  - 祖上(조상) : 할아버지 이상의 대대의 어른
  - 祖父母(조부모) : 할아버지와 할머니를 함께 일컫는 말
- 상대어 孫(손자 손-6급)

祖 할아비 조

훈 효도 음 효
부수 아들 자(子)
총획 7획

- 유래 자식이 늙은 부모님을 부축하고 있는 모습을 본뜬 글자입니다.
- 쓰임 孝道(효도) : 어버이를 잘 섬기는 도리
  - 孝子(효자) : 효를 잘 실천하는 아들
  - 孝心(효심) : 효성스러운 마음
    - → 엄하게 키운 자식일수록 **효심**이 깊다.
  - 不孝(불효) : 효도를 하지 아니함

孝 효도 효

훈 늙을 음 로	
부수	늙을 로(老)
총획	6획

- 유래　등이 굽고 머리가 하얀 노인이 지팡이를 짚고 서 있는 모습입니다.
- 쓰임　老人(노인) : 나이가 많은 사람
　　　老母(노모) : 늙으신 어머니 → 시골에는 **노모**만 한 분 계신다.
　　　老年(노년) : 나이가 들어 늙은 때 ↔ 少年(소년)
　　　長老(장로) : 나이가 많고 덕이 높은 사람
- 상대어　少(적을, 젊을 소)

老　老　老　老　老　老　老
늙을 로

훈 적을 음 소	
부수	작을 소(小)
총획	4획

- 유래　'적다'는 뜻으로 모래알 네 개를 그린 모습입니다.
- 쓰임　少數(소수) : 적은 수효 ↔ 多數(다수) / 多(많을 다-6급)
　　　少女(소녀) : 나이가 어린 여자 아이
　　　靑少年(청소년) : 청년과 소년 사이의 10대 후반의 젊은이
　　　男女老少(남녀노소) : 남자, 여자, 어른, 아이를 함께 이르는 말
- 상대어　多(많을 다-6급)　老(늙을 로)

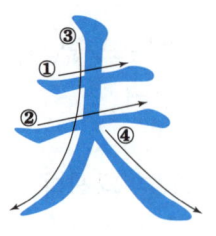

훈 지아비 음 부
부수 큰 대(大)
총획 4획

- 유래   옛날에는 장가를 간 남자는 상투를 했습니다. 상투를 틀어 올린 남자의 모습입니다.
- 쓰임   夫人(부인) : 남의 아내를 높여 부르는 말
  工夫(공부) : 학문이나 기술을 배우고 닦음
  人夫(인부) : 막벌이 노동자 → 공사장에서 **인부** 생활을 하였다.
  村夫(촌부) : 시골에 사는 남자

지아비 **부**

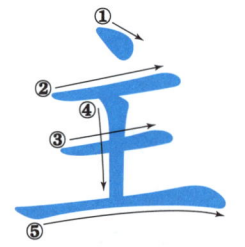

훈 주인(임금) 음 주
부수 점 주(丶)
총획 5획

- 유래   호롱불의 심지 모양을 본뜬 글자입니다.
- 쓰임   主人(주인) : 물건의 임자 → 주은 돈을 **주인**에게 돌려주었다.
  主食(주식) : 평소 끼니 때마다 먹는 주된 음식
  主張(주장) : 자기의 의견을 내세움 / 張(베풀 장-4급)
  車主(차주) : 차의 주인
- 비슷한 글자   王(임금 왕)

주인 **주**

제 7 강 확인평가

1 다음 한자의 음을 쓰세요.

(1) 姓 (   )   (2) 名 (   )

(3) 男 (   )   (4) 夫 (   )

(5) 主 (   )   (6) 祖 (   )

(7) 孝 (   )   (8) 老 (   )

2 다음 뜻에 맞는 한자를 例에서 찾아 번호를 쓰세요.

例
① 姓   ② 男   ③ 子   ④ 祖
⑤ 孝   ⑥ 老   ⑦ 少   ⑧ 主

(1) 사내 (   )   (2) 늙다 (   )

(3) 할아버지 (   )   (4) 주인 (   )

(5) 아들 (   )   (6) 효도 (   )

3 다음 음과 뜻에 맞는 한자를 例에서 찾아 번호를 쓰세요.

例
① 姓   ② 少   ③ 夫   ④ 名   ⑤ 主

(1) 이름 명 (   )   (2) 지아비 부 (   )

(3) 적을 소 (   )   (4) 성 성 (   )

4 다음 한자어의 음을 쓰세요.

(1) 姓氏 (   )   (2) 名所 (   )

(3) 祖母 (   )   (4) 子女 (   )

(5) 孝子 (   )   (6) 老年 (   )

(7) 男女 (   )   (8) 靑少年 (   )

(9) 主食 (   )   (10) 夫女 (   )

5 다음 뜻에 맞는 한자어를 例에서 찾아 번호를 쓰시오.

> 例   ① 工夫   ② 男子   ③ 祖上   ④ 老少

(1) 할아버지 이상의 대대의 어른 (   )

(2) 남성인 사람 (   )

(3) 늙은이와 젊은이 (   )

(4) 학문이나 기술을 배우고 익히는 것 (   )

6 다음 문장의 밑줄 친 한자어를 한자로 쓰세요.

(1) 설악산은 유명한 명산입니다. (   )

(2) 부모님께 효도하는 사람이 됩시다. (   )

(3) 우리 주변에는 불우한 노인들이 많이 계십니다. (   )

한 . 자 . 능 . 력 . 검 . 정

한자 배우기

7급

제 8강

問 물을 문	答 대답 답		
	正 바를 정	直 곧을 직	
命 목숨 명	活 살 활		
便 편할 편	車 수레 거	工 장인 공	世 인간 세

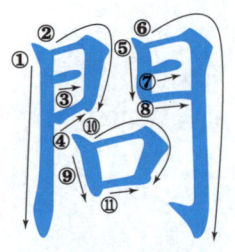

훈	물을	음	문
부수	입 구(口)		
총획	11획		

- 유래 입 구(口)는 의미 요소이고 문 문(門)은 발음 요소입니다.
- 쓰임 問答(문답) : 서로 묻고 대답함 → 東問西答(동문서답)
  下問(하문) : 윗사람이 아랫사람에게 물음
  不問(불문) : 밝히지 않고 덮어둠
  → 그 일은 **불문**에 부치기로 하였다.
  問題(문제) : 해답을 필요로 하는 물음 / 題(제목 제-6급)
- 상대어 答(대답 답)   ※ 비슷한 글자 間(사이 간)

問

물을 문

훈	대답	음	답
부수	대 죽(竹)		
총획	12획		

- 유래 배를 묶어두는 대나무의 발음이 「답」과 같다는 데서 유래하였습니다.
- 쓰임 正答(정답) : 맞는 답 ↔ 誤答(오답) / 誤(그르칠 오-4급)
  對答(대답) : 묻는 말에 자기 뜻을 나타냄 / 對(대할 대-6급)
  名答(명답) : 매우 잘한 대답 → 그 말이 **명답**이다.
  答禮(답례) : 남의 인사에 답하여 인사를 함 / 禮(예도 례-6급)
- 상대어 問(물을 문)

答

대답 **답**

훈 바를 **음** 정

부수 그칠 지(止)

총획 5획

- **유래** 한(一) 가지 목표를 향해 가서 멈추는(止) 것에서 올바르다는 의미로 나타낸 것입니다.
- **쓰임** 正直(정직) : 거짓이나 꾸밈이 없음
  正月(정월) : 음력으로 한 해의 첫째 달
  正門(정문) : 건물의 정면에 있는 문 ↔ 後門(후문)
  公正(공정) : 한 쪽으로 치우치지 않고 공평함 / 公(공평할 공-6급)

正

바를 정

훈 곧을 **음** 직

부수 눈 목(目)

총획 8획

- **유래** '똑바로 보다' 라는 뜻으로 눈 목(目) 위에 수직선(丨)이 그어져 있습니다.
- **쓰임** 直面(직면) : 어떤 사태에 부닥침 → 매우 큰 난관에 **직면**하였다.
  直立(직립) : 똑바로 섬
  直前(직전) : 바로 전 ↔ 直後(직후)
  下直(하직) : 웃어른에게 작별을 고함

直

곧을 직

훈 목숨 음 명
부수 입 구(口)
총획 8획

- 유래: 무릎을 꿇고 앉아 있는 사람에게 큰소리로 명령을 내리는 모습입니다.
- 쓰임:
  - 生命(생명): 목숨 → **생명**이 있는 동안 어느 하나 함부로 대하지 말자.
  - 命名(명명): 사물이나 생물에 이름을 지어 붙임
  - 人命(인명): 사람의 목숨
  - 王命(왕명): 임금의 명령

목숨 명

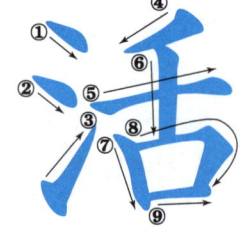

훈 살 음 활
부수 삼수 변(氵)
총획 9획

- 유래: 氵가 의미 요소로 舌이 발음 요소로 쓰여 물이 흐르는 소리를 뜻하기 위해 만든 글자입니다.
- 쓰임:
  - 活動(활동): 몸을 움직임 → 그 분은 사회 **활동**을 많이 하신다.
  - 活力(활력): 살아 움직이는 힘
  - 生活(생활): 생계를 유지하여 살아감
  - 活氣(활기): 활발한 기운이나 기개
- 상대어: 死(죽을 사-6급)

살 활

훈 편할 **음** 편(똥오줌 변)

부수 사람 인(人)

총획 9획

✿ 유래 사람이 불편한 점을 편안하게 바꾼다는 뜻에서 사람 인 '人'과 바꿀 경 '更'이 합쳐진 것입니다.

✿ 쓰임 便紙(편지) : 상대방에게 하고 싶은 말을 적어 보내는 글
人便(인편) : 오가는 사람의 편
便安(편안) : 몸이나 마음이 편하고 걱정이 없음
便所(변소) : 화장실
→ 시골에는 재래식 **변소**밖에 없어서 무척 힘들었다.

便 便 便 便 便 便 便

편할 **편**

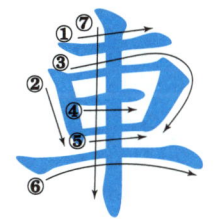

훈 수레 **음** 거(차)

부수 수레 거·차(車)

총획 7획

✿ 유래 수레 모양을 본뜬 글자로 가운데 부분은 바퀴 모양이 변화된 것입니다.

✿ 쓰임 人力車(인력거) : 사람의 힘으로 움직이는 수레
自動車(자동차) : 엔진의 힘으로 달리는 차
電車(전차) : 전기의 힘으로 레일 위를 달리는 차
下車(하차) : 차에서 내림 ↔ 乘車(승차) / 乘(탈 승-3급)

車 車 車 車 車 車 車

수레 **거**

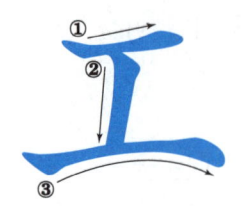

훈 장인 음 공
부수 장인 공(工)
총획 3획

✿ 유래 목공들이 쓰는 자를 본뜬 글자입니다.

✿ 쓰임 工事(공사) : 토목이나 건축 등의 일
工場(공장) : 물건을 제조하는 장소
→ 어제 석유 **공장**에서 불이 났다.
人工(인공) : 사람의 손으로 만든 것
工學(공학) : 공업 기술을 연구하는 학문

工	工	工	工	工	工	工
장인 **공**						

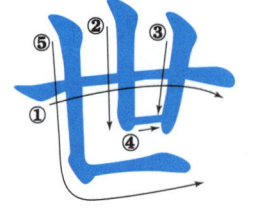

훈 인간 음 세
부수 한 일(一)
총획 5획

✿ 유래 열 십(十)을 세 개 합친 글자입니다.

✿ 쓰임 世上(세상) : 사회, 세간 → 이 **세상**은 무척 아름다운 곳이다.
後世(후세) : 뒤의 세상, 다음 세대 ↔ 前世(전세)
世代(세대) : 같은 시대를 살아가는 연령층
二世(이세) : 이민 가서 낳은 자녀
→ 미국 이민 **이세**대들은 안정적인 생활을 할 수 있게 되었습니다.

世	世	世	世	世	世	世
인간 **세**						

제 8 강 확인평가

1 다음 한자의 음을 쓰세요.

(1) 問 (   )   (2) 答 (   )

(3) 正 (   )   (4) 命 (   )

(5) 車 (   )   (6) 工 (   )

(7) 世 (   )   (8) 便 (   )

2 다음 뜻에 맞는 한자를 例에서 찾아 번호를 쓰세요.

> 例
> ① 活   ② 便   ③ 車   ④ 世
> ⑤ 問   ⑥ 答   ⑦ 直   ⑧ 命

(1) 대답 (   )   (2) 수레 (   )

(3) 목숨 (   )   (4) 묻다 (   )

(5) 편하다 (   )   (6) 인간 (   )

3 다음 음과 뜻에 맞는 한자를 例에서 찾아 번호를 쓰세요.

> 例
> ① 活   ② 工   ③ 直   ④ 正   ⑤ 問

(1) 바를 정 (   )   (2) 장인 공 (   )

(3) 곧을 직 (   )   (4) 살 활 (   )

4 다음 한자어의 음을 쓰세요.

(1) 正直 (　　　　　)　　(2) 問答 (　　　　　)

(3) 直立 (　　　　　)　　(4) 答紙 (　　　　　)

(5) 生命 (　　　　　)　　(6) 世人 (　　　　　)

(7) 工夫 (　　　　　)　　(8) 便利 (　　　　　)

(9) 人力車 (　　　　　)　　(10) 活火山 (　　　　　)

5 다음 뜻에 맞는 한자어를 例에서 찾아 번호를 쓰세요.

> 例
> ① 活力　　② 生花　　③ 問安　　④ 便紙

(1) 살아 있는 생생한 꽃 (　　　　　)

(2) 살아 움직이는 힘 (　　　　　)

(3) 웃어른께 안부를 여쭙는 것 (　　　　　)

(4) 상대편에게 전하는 말을 적어 보내는 것 (　　　　　)

6 다음 문장의 밑줄 친 한자어를 한자로 쓰세요.

(1) 다음 문제를 〈보기〉에서 찾아 정답을 쓰세요. (　　　　　)

(2) 세상에서 가장 큰 산은 에베레스트 산입니다. (　　　　　)

(3) 휴화산은 일시적으로 화산 활동이 멈춘 산입니다. (　　　　　)

한 . 자 . 능 . 력 . 검 . 정

한자 배우기

7급

제 9강

 道 길 도

 家 집 가

 內 안 내

 食 밥 식

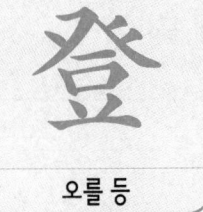 登 오를 등

 來 올 래

 立 설 립

 全 온전 전

 重 무거울 중

 旗 기 기

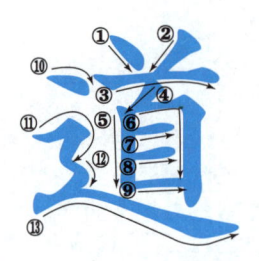

훈 길 음 도
부수 책받침 착(辶)
총획 13획

- 유래 '길'을 의미하는 착(辶)과 사람을 상징하는 머리 수(首)가 합쳐진 글자입니다.
- 쓰임 車道(차도) : 차들이 다닐 수 있도록 만든 도로
  人道(인도) : 사람이 다니는 도로
  道中(도중) : 길 가운데
  道路(도로) : 사람이나 차들이 다니는 길 / 路(길 로-6급)

道 道 道 道 道 道 道

길 도

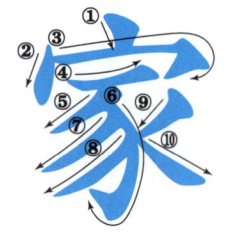

훈 집 음 가
부수 집 면(宀)
총획 10획

- 유래 옛날 중국에서는 집에서 돼지를 길렀다고 합니다. 집 면(宀)과 돼지 시(豕)가 합쳐진 글자입니다.
- 쓰임 家族(가족) : 혈연이나 혼인으로 맺어진 집단 / 族(겨레 족-6급)
  家長(가장) : 한 집안의 어른
  → 우리 집안의 **가장**은 할아버지입니다.
  家門(가문) : 집안, 문중
  出家(출가) : 세속을 떠나 수도원이나 절에 들어감

家 家 家 家 家 家 家

집 가

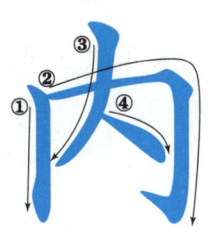

훈 안 음 내

부수 들 입(入)

총획 4획

- 유래 사람이 집 안으로 들어가는 모양입니다.
- 쓰임 國內(국내) : 나라의 안 → **국내**에도 좋은 관광지가 많이 있다.
  內心(내심) : 속마음
  市內(시내) : 도심지, 시 경계의 안쪽 ↔ 市外(시외)
  內室(내실) : 부녀자가 거처하는 방 ↔ 外室(외실)
- 상대어 外(바깥 외)

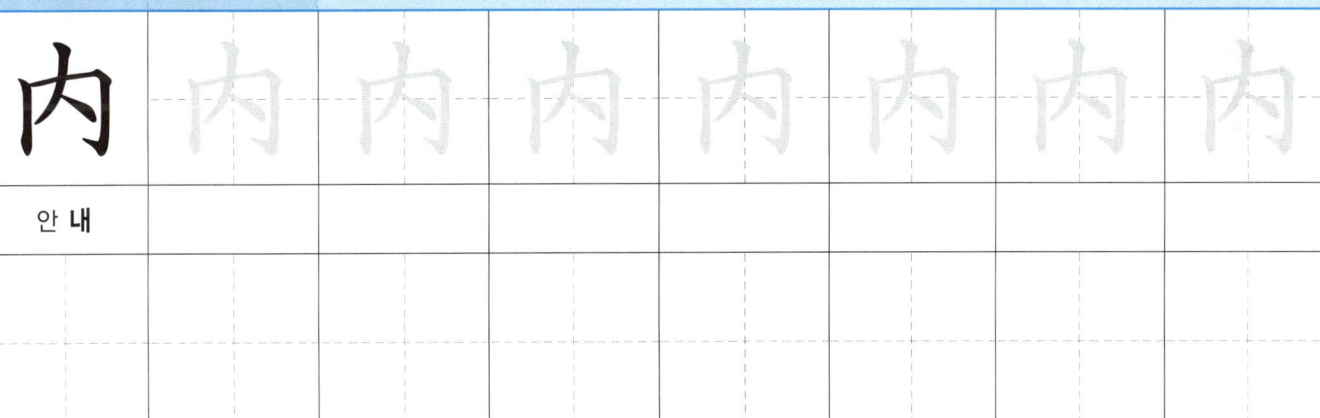

안 내

훈 밥(먹을) 음 식

부수 밥(먹을) 식(食)

총획 9획

- 유래 밥그릇 모양 또는 밥을 담은 모양을 본뜬 글자입니다.
- 쓰임 食口(식구) : 같은 집에서 끼니를 함께하는 사람
  食後(식후) : 밥을 먹은 뒤 ↔ 식전
  外食(외식) : 음식점에 가서 식사를 함
  → 오늘 저녁은 레스토랑에서 **외식**을 하였다.
  生食(생식) : 음식을 익히지 않고 먹음

밥 식

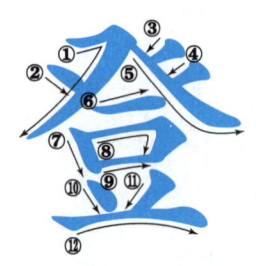

훈 오를 음 등
부수 어그러질 발(癶)
총획 12 획

- 유래 음식이 담긴 그릇(묘)을 윗사람의 발 (癶) 아래 바치고 있는 모습입니다.
- 쓰임 登山(등산) : 산에 올라감 ↔ 下山(하산)
  登校(등교) : 학교에 감 ↔ 下校(하교)
  登場(등장) : 무대나 연단에 나타남 ↔ 退場(퇴장)
  　　　　　　退(물러날 퇴-4급)
  登錄(등록) : 서류 등에 적어 둠 / 錄(기록할 록-4급)

登 오를 등

훈 올 음 래
부수 사람 인(人)
총획 8 획

- 유래 보리 줄기에 이삭이 달려 있는 모양입니다.
- 쓰임 外來(외래) : 외부로부터 옴
  → 입원을 하지 않고 **외래**로 치료를 받았다.
  來世(내세) : 죽은 뒤에 다시 태어나는 세상
  來日(내일) : 다음 날
  去來(거래) : 상품이나 돈을 주고받는 일 / 去(갈 거-5급)

來 올 래

- 유래: 사람이 땅 위에 서 있는 모습을 본뜬 글자입니다.
- 쓰임:
  - 自立(자립) : 스스로의 힘으로 일어섬
  - 中立(중립) : 한쪽으로 치우치지 않고 가운데를 지킴
  - 立心(입심) : 마음을 작정하여 세움
  - 立式(입식) : 서서 행동하도록 된 방식 / 式(법 식-6급)

훈 설 음 립
부수 설 립(立)
총획 5획

立 立 立 立 立 立 立
설 립

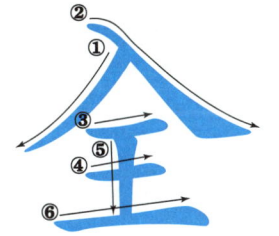

- 유래: 집 안에 고이 들여다 놓은 옥(玉)이 본뜻입니다.
- 쓰임:
  - 全力(전력) : 온 힘을 다함 → 합격을 위해 **전력**을 다하였다.
  - 全國(전국) : 온 나라 전체
  - 全體(전체) : 사물이나 현상의 전부 / 體(몸 체-6급)
  - 萬全(만전) : 조금도 허술한 데가 없음
    → 이번 일에 **만전**을 다해 준비해 주십시오.

훈 온전 음 전
부수 들 입(入)
총획 6획

全 全 全 全 全 全 全
온전 전

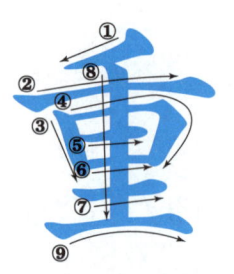

훈 무거울 음 중
부수 마을 리(里)
총획 9획

- 유래 사람이 땅 위에 우뚝 서 있는 모습입니다.
- 쓰임 重力(중력) : 물체를 지구 중심으로 당기는 힘
  重大(중대) : 가볍게 여길 수 없이 중요함
  → 오늘 오후에 **중대** 발표가 있었다.
  所重(소중) : 매우 귀중함
  自重(자중) : 몸가짐을 신중히 함

重 重 重 重 重 重 重 重

무거울 **중**

훈 기 음 기
부수 모 방(方)
총획 14획

- 유래 깃발이 바람에 펄럭이는 모양을 본뜬 글자입니다.
- 쓰임 國旗(국기) : 한 나라를 상징하는 깃발
  靑旗(청기) : 푸른 깃발
  校旗(교기) : 학교를 상징하는 깃발
  旗號(기호) : 어떤 뜻을 나타내기 위한 문자나 부호
  號(이름 호-6급)

旗 旗 旗 旗 旗 旗 旗

기 **기**

제 9 강 확인평가

1 다음 한자의 음을 쓰세요.

(1) 道 (   )   (2) 家 (   )

(3) 內 (   )   (4) 食 (   )

(5) 登 (   )   (6) 來 (   )

(7) 全 (   )   (8) 旗 (   )

2 다음 뜻에 맞는 한자를 例에서 찾아 번호를 쓰세요.

> 例
> ① 立   ② 全   ③ 重   ④ 旗
> ⑤ 登   ⑥ 食   ⑦ 家   ⑧ 道

(1) 오르다 (   )   (2) 기 (   )

(3) 밥 (   )   (4) 온전 (   )

(5) 집 (   )   (6) 세우다 (   )

3 다음 음과 뜻에 맞는 한자를 例에서 찾아 번호를 쓰세요.

> 例
> ① 來   ② 道   ③ 重   ④ 內   ⑤ 全

(1) 안 내 (   )   (2) 올 래 (   )

(3) 무거울 중 (   )   (4) 길 도 (   )

4 다음 한자어의 음을 쓰세요.

(1) 內面 (   )   (2) 來日 (   )

(3) 食水 (   )   (4) 國旗 (   )

(5) 家口 (   )   (6) 道人 (   )

(7) 重大 (   )   (8) 立春 (   )

(9) 登山 (   )   (10) 全力 (   )

5 다음 뜻에 맞는 한자어를 例에서 찾아 번호를 쓰세요.

> 例   ① 家道   ② 登記   ③ 食後   ④ 內心

(1) 속마음 (   )

(2) 집안에서 행해야 할 도덕 (   )

(3) 밥을 먹은 후 (   )

(4) 기록에 올림 (   )

6 다음 문장의 밑줄 친 한자어를 한자로 쓰세요.

(1) 우리 학교는 나라에서 세운 국립 학교입니다. (   )

(2) 내년에는 반드시 1등을 하겠다. (   )

(3) 내 동생은 나보다 엄마의 가사를 더 잘 도와 줍니다. (   )

한 . 자 . 능 . 력   검 . 정

한자 배우기 7급

제 10강

電 번개 전

色 빛색

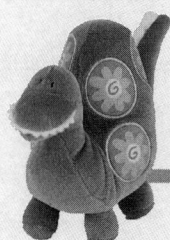
空 빌공

有 있을유

同 한가지 동

每 매양 매

方 모방

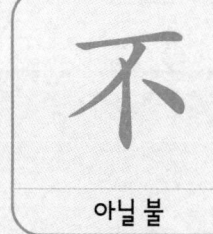
不 아닐 불

紙 종이 지

漢 한수 한

훈 번개 음 전
부수 비 우(雨)
총획 13획

- 유래 의미 요소로 쓰인 '雨'자와 번갯불 모양을 본뜬 글자입니다.
- 쓰임 電氣(전기) : 각종 전자 제품을 작동하게 하는 에너지
  電工(전공) : 전기 공업
  電力(전력) : 전기의 힘
  感電(감전) : 전기가 통하여 충격을 느낌 / 感(느낄 감-6급)
  → 전기를 함부로 만지면 **감전**되어 위험에 빠질 수 있습니다.

電	電	電	電	電	電	電
번개 **전**						

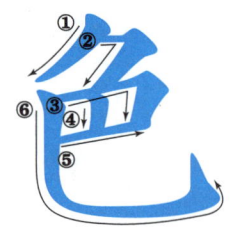

훈 빛 음 색
부수 빛 색(色)
총획 6획

- 유래 사람 인(人)과 병부 절(卩)이 합쳐진 글자입니다.
- 쓰임 靑色(청색) : 푸른색 → **청색** 테이프가 필요하다.
  正色(정색) : 얼굴에 엄한 빛을 띰
  色紙(색지) : 색종이
  色相(색상) : 눈에 보이는 빛의 특징 / 相(서로 상-5급)
- 비슷한 글자 邑(고을 읍)

- **유래** 안이 텅 빈 구멍을 뜻하는 글자입니다.
- **쓰임** 空中(공중) : 하늘과 땅 사이의 빈 곳
  → **공중**에는 구름만 떠다닌다.
  空白(공백) : 아무 것도 없이 비어 있음
  空軍(공군) : 하늘을 지키는 군인
  上空(상공) : 높은 하늘
  → 푸른 **상공**에 비행기가 날아간다.

훈 **빌** 음 **공**

부수 구멍 혈(穴)

총획 8획

空	空	空	空	空	空	空
빌 공						

- **유래** 손으로 고깃덩어리를 잡고 있는 모습에서 유래되었습니다.
- **쓰임** 有名(유명) : 널리 알려져 있음 → 이 식당에는 칼국수가 **유명**하다.
  有力(유력) : 가능성이 많음
  有事時(유사시) : 위급한 일이 생긴 때
  國有地(국유지) : 국가 소유의 토지 ↔ 私有地(사유지)
  　　　　　　私(사사로울 사-4급)
- **상대어** 無(없을 무)

훈 **있을** 음 **유**

부수 달 월(月)

총획 6획

有	有	有	有	有	有	有
있을 유						

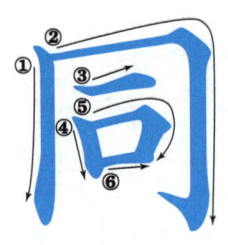

훈 한가지 **음** 동

부수 입 구(口)

총획 6획

- 유래: 여러 사람의 의견이 하나로 모아진다는 뜻입니다.
- 쓰임:
  同時(동시) : 같은 때, 함께 → 음악을 들으며 **동시**에 공부를 하였다.
  同名(동명) : 같은 이름
  同生(동생) : 자기보다 어린 형제 자매들
  一同(일동) : 어떤 단체에 속한 모든 사람
  　　　　　일동은 기립하여 우측에 있는 태극기를 향해 주십시오.

同	同	同	同	同	同	同
한가지 **동**						

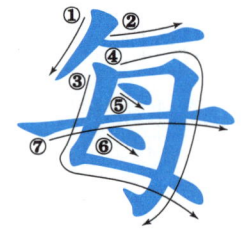

훈 매양 **음** 매

부수 말 무(毋)

총획 7획

- 유래: 어머니가 머리에 비녀를 꽂고 앉아 있는 모습입니다.
- 쓰임:
  每日(매일) : 그날그날, 하루하루, 날마다
  每事(매사) : 모든 일 → **매사**에 신중을 기하였다.
  每年(매년) : 매 해마다
  　　　　　→ **매년** 태풍이 국토를 휩쓸고 지나갑니다.
  每人(매인) : 사람마다

매양 **매**

훈 모 음 방
부수 모 방(方)
총획 4획

- 유래 농기구인 쟁기 모양을 본뜬 글자입니다.
- 쓰임 東方(동방) : 동쪽 방향 → **동방**의 불꽃 대한민국
  後方(후방) : 뒤쪽 방향 ↔ 前方(전방)
  四方(사방) : 동서남북 네 방향
  方道(방도) : 어떤 문제를 해결해가는 방법
  → 그 문제를 어떻게 풀어나가야 할지 **방도**가 없다.

方 — 모 방

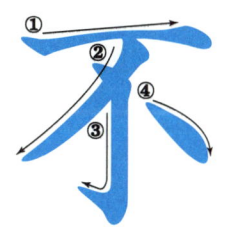

훈 아닐 음 불(부)
부수 한 일(一)
총획 4획

- 유래 새가 하늘 높이 올라가 돌아오지 않는 것을 나타낸 것입니다.
- 쓰임 不便(불편) : 거북스러움 → 혼자 있으니 여러 가지로 **불편**하였다.
  不問(불문) : 가리지 아니함
  不安(불안) : 마음이 초조하고 불편함
  不正(부정) : 바르지 못한 일
  → **부정**한 일을 저지르면 벌을 받게 됩니다.

不 — 아닐 불

훈 종이 음 지
부수 실 사(糸)
총획 10 획

- 유래 아직 종이가 발견되기 전에는 비단에 글을 썼습니다. 실 사 '糸'가 의미 요소로 성 씨 '氏'가 발음 요소로 쓰였습니다.
- 쓰임 紙面(지면) : 종이의 표면 → **지면**을 통해 밝혀야 한다.
  白紙(백지) : 흰 종이, 아무 것도 적히지 않은 종이
  答紙(답지) : 답안지
  表紙(표지) : 책의 겉장 / 表(겉 표-6급)

紙 종이 지

훈 한수(한나라) 음 한
부수 삼수변(氵)
총획 14 획

- 유래 중국 양자강의 모양으로 삼수변 '氵'이 의미 요소로 진흙 근 '堇'이 변형된 모양입니다.
- 쓰임 漢字(한자) : 중국 고유의 문자 → **한자** 시험에 합격하였다.
  漢江(한강) : 우리 나라 중부 지방을 가로지르는 강
  漢文(한문) : 한자로 쓰여진 글
  漢學(한학) : 중국에서 유래되거나 중국을 연구하는 학문

漢 한수 한

제 10 강 확인평가

1 다음 한자의 음을 쓰세요.

(1) 電 (　　　)　　(2) 色 (　　　)

(3) 空 (　　　)　　(4) 方 (　　　)

(5) 同 (　　　)　　(6) 不 (　　　)

(7) 紙 (　　　)　　(8) 漢 (　　　)

2 다음 뜻에 맞는 한자를 例에서 찾아 번호를 쓰세요.

> 例
> ① 有　　② 不　　③ 紙　　④ 漢
> ⑤ 每　　⑥ 空　　⑦ 色　　⑧ 電

(1) 있다 (　　　)　　(2) 종이 (　　　)

(3) 비다 (　　　)　　(4) 빛 (　　　)

(5) 아니다 (　　　)　　(6) 매양 (　　　)

3 다음 음과 뜻에 맞는 한자를 例에서 찾아 번호를 쓰세요.

> 例
> ① 同　　② 方　　③ 漢　　④ 電　　⑤ 紙

(1) 번개 전 (　　　)　　(2) 한가지 동 (　　　)

(3) 한수 한 (　　　)　　(4) 모 방 (　　　)

4 다음 한자어의 음을 쓰세요.

(1) 方正 (　　　　)   (2) 不動 (　　　　)

(3) 色紙 (　　　　)   (4) 紙花 (　　　　)

(5) 每月 (　　　　)   (6) 空間 (　　　　)

(7) 同色 (　　　　)   (8) 有名 (　　　　)

(9) 電氣 (　　　　)   (10) 漢字 (　　　　)

5 다음 뜻에 맞는 한자어를 例에서 찾아 번호를 쓰시오.

> 例　　① 不老草　　② 電動車　　③ 每日　　④ 紙面

(1) 날마다 (　　　　)

(2) 전기를 공급 받아 궤도 위를 다니는 차량 (　　　　)

(3) 늙지 않게 하는 약초 (　　　　)

(4) 글이나 그림이 실리는 인쇄면 (　　　　)

6 다음 문장의 밑줄 친 한자어를 한자로 쓰세요.

(1) 가재는 게 편, 초록은 동색 (　　　　)

(2) 에디슨은 전기를 처음 발명한 사람이다. (　　　　)

(3) 나의 꿈은 공군이 되어 나라를 지키는 것이다. (　　　　)

7급 한자 총정리

- 7급 배정 150자 다지기
- 필순 익히기
- 육서 익히기
- 부수 익히기
- 상대어, 반의어, 유의어, 모양이 닮은 한자
- 한자 성어
- 주의하여 읽기
- 기출 예상문제 4회
- 정답

한 . 자 . 능 . 력 . 검 . 정

7급

7.급.배.정

家 집 가	丶 丶 宀 宀 宁 宁 宇 家 家 家 家 家 家
歌 노래 가	一 丆 可 可 可 可 哥 哥 哥 歌 歌 歌 歌 歌 歌
間 사이 간	丨 冂 冃 冃 門 門 門 門 閒 閒 間 間 間 間
江 강 강	丶 丶 氵 汀 江 江 江 江 江
車 수레 거	一 丆 币 百 亘 車 車 車 車
工 장인 공	一 丅 工 工 工 工
空 빌 공	丶 丶 宀 宀 宂 空 空 空 空 空 空
校 학교 교	一 十 才 木 朩 朽 校 校 校 校 校 校 校
敎 가르칠 교	丿 乂 乂 耂 耂 孝 孝 孝 敎 敎 敎 敎 敎
九 아홉 구	丿 九 九 九 九

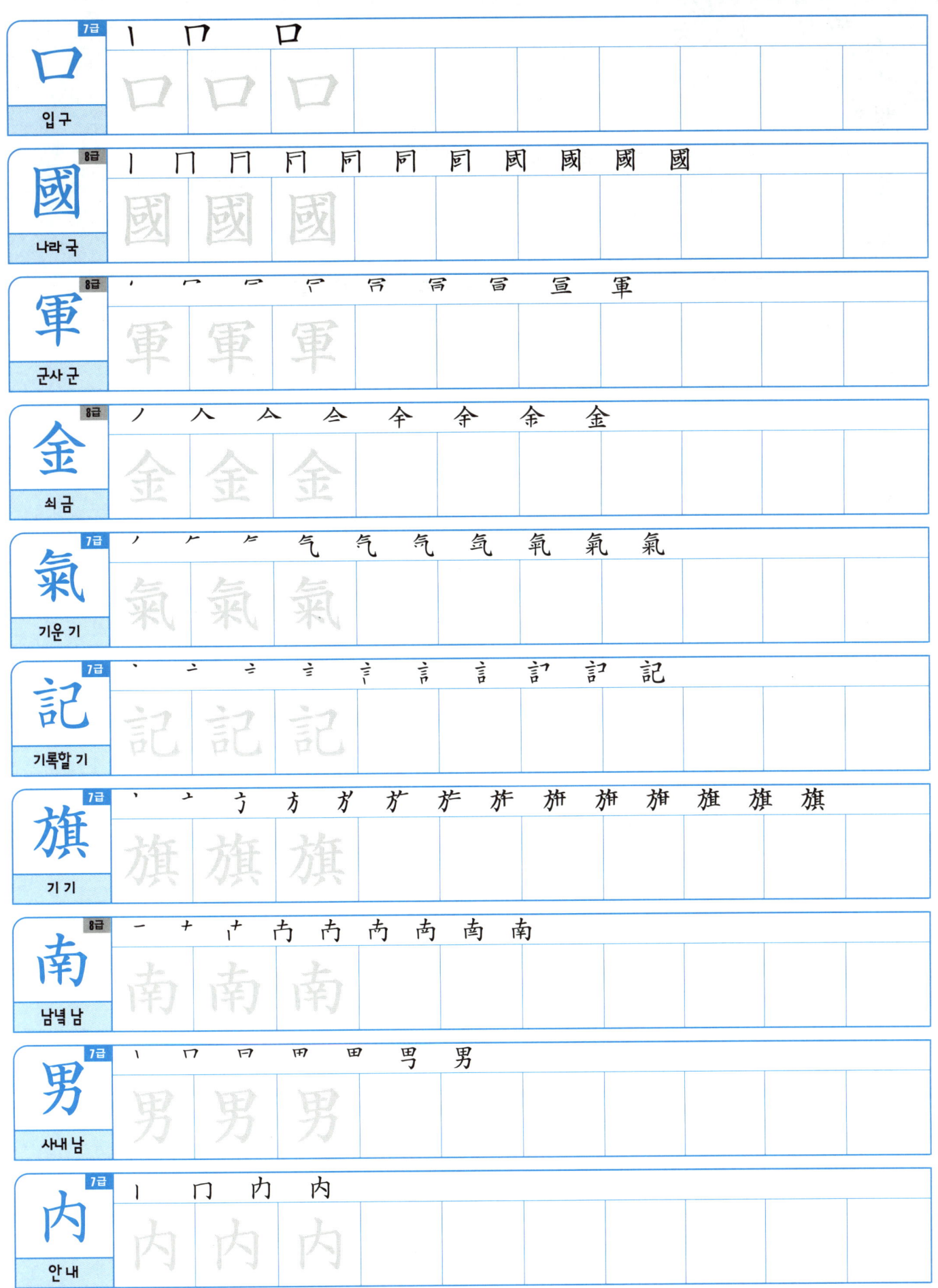

7.급.배.정

女	계집 녀 (8급)	ㄥ ㄅ 女 / 女 女 女
年	해 년 (8급)	ノ ㅡ ㅕ ㅕ 丘 年 / 年 年 年
農	농사 농 (7급)	一 冂 曰 由 曲 曲 曲 芦 芦 芦 農 農 農 / 農 農 農
答	대답 답 (7급)	ノ 亠 灬 竹 竹 竹 竺 答 筌 答 答 答 / 答 答 答
大	큰 대 (8급)	一 ナ 大 / 大 大 大
道	길 도 (7급)	丶 丷 ⺈ 产 产 首 首 首 首 渞 道 道 / 道 道 道
東	동녘 동 (8급)	一 匸 戶 戶 亘 車 東 東 / 東 東 東
同	한가지 동 (7급)	丨 冂 冂 同 同 同 / 同 同 同
冬	겨울 동 (7급)	ノ ㄉ 夂 冬 冬 / 冬 冬 冬
洞	골 동 (7급)	丶 冫 氵 汩 汩 汩 洞 洞 洞 / 洞 洞 洞

150자 다지기

動 움직일 동 (7급) — 丿 二 千 斤 斤 亘 重 重 動 動
動 動 動

登 오를 등 (7급) — 丿 ㄱ ㄱ ㄱ 癶 癶 癶 癶 登 登 登 登
登 登 登

來 올 래 (7급) — 一 厂 厂 刀 夕 來 來 來
來 來 來

力 힘 력 (7급) — 丁 力
力 力 力

老 늙을 로 (7급) — 一 十 土 耂 老 老
老 老 老

六 여섯 륙 (8급) — 丶 亠 六 六
六 六 六

里 마을 리 (7급) — 丨 口 日 日 旦 里 里
里 里 里

林 수풀 림 (7급) — 一 十 才 木 木 村 村 林
林 林 林

立 설 립 (7급) — 丶 亠 六 立 立
立 立 立

萬 일만 만 (8급) — 丶 丶 丷 艹 䒑 芇 苒 苒 萬 萬 萬 萬
萬 萬 萬

7급

7급 배정

每 매양 매	丿 一 乞 句 句 每 每
面 낯 면	一 了 了 丂 而 而 面 面
名 이름 명	丿 ク タ 夕 名 名
命 목숨 명	丿 人 人 合 合 合 命 命
母 어미 모	乚 母 母 母 母
木 나무 목	一 十 才 木
文 글월 문	、 一 ナ 文
問 물을 문	丨 冂 冂 冂 冂 門 門 門 問 問
門 문 문	丨 冂 冂 冂 冂 門 門 門
物 물건 물	丿 ㄣ 牛 牛 牜 牞 物 物

150자 다지기

7급

民 8급 백성 민	ㄱ ㄱ ㄕ ㄕ 民 民 民 民
方 7급 모 방	丶 亠 方 方 方 方 方
白 8급 흰 백	丿 亻 冂 白 白 白 白 白
百 7급 일백 백	一 丆 丆 百 百 百 百 百 百
父 8급 아비 부	丿 丷 父 父 父 父 父
夫 7급 지아비 부	一 二 丰 夫 夫 夫 夫
北 8급 북녘 북	丨 ㅓ ㅓ 北 北 北 北 北
不 7급 아닐 불	一 丆 不 不 不 不 不
四 8급 넉 사	丨 冂 冂 四 四 四 四 四
事 7급 일 사	一 丆 丆 ㅌ 亘 亘 事 事 事 事 事

7급 배정

한자	훈음	획순
山	메 산 (8급)	丨 山 山
算	셈 산 (7급)	丿 ⺮ ⺮ ⺮ 竹 竹 竹 筲 筲 筲 筲 笪 筸 算 算
三	석 삼 (8급)	一 二 三
上	윗 상 (7급)	丨 卜 上
色	빛 색 (7급)	丿 ⺈ 勹 勺 刍 色
生	날 생 (8급)	丿 ⺊ ⺌ 牛 生
西	서녘 서 (8급)	一 ⺁ 冂 襾 西 西
夕	저녁 석 (7급)	丿 ⺈ 夕
先	먼저 선 (8급)	丿 ⺊ ⺌ 生 步 先
姓	성 성 (7급)	ㄑ 乆 女 女 妌 姓 姓

150자 다지기

7급

世 인간 세 (7급)	一 十 卅 世 世	世 世 世
小 작을 소 (8급)	亅 小 小	小 小 小
少 적을 소 (7급)	亅 小 小 少	少 少 少
所 바 소 (7급)	、 彡 彡 戶 戶 所 所 所	所 所 所
水 물 수 (8급)	亅 刁 水 水	水 水 水
手 손 수 (7급)	一 二 三 手	手 手 手
數 셈 수 (7급)	、 口 曰 曰 旦 昌 曼 曲 婁 婁 婁 數 數 數	數 數 數
市 저자 시 (7급)	、 一 亠 市 市	市 市 市
時 때 시 (7급)	丨 冂 日 日 旷 旷 晧 晧 時 時	時 時 時
食 밥 식 (7급)	丿 人 人 今 今 今 食 食 食	食 食 食

7급

7.급.배.정

植 심을 식 (7급)	一 十 才 才 利 杧 枯 枯 植 植 植 植

室 집 실 (8급)	` ´ 宀 宀 宀 宝 宰 宰 室

心 마음 심 (7급)	` 心 心 心

十 열 십 (8급)	一 十

安 편안 안 (7급)	` ´ 宀 宀 安 安

語 말씀 어 (7급)	` ㆍ ㆍ ㆍ 言 言 言 訂 訴 語 語 語 語

然 그럴 연 (7급)	ノ ク タ タ タ 外 狄 狄 然 然 然

五 다섯 오 (8급)	一 丅 五 五

午 낮 오 (7급)	ノ ㆍ 乍 午

王 임금 왕 (8급)	一 二 千 王

150자 다지기

7급

한자	훈음	획순
外	바깥 외 (8급)	ノ ク 夕 外 外
右	오른 우 (7급)	ノ ナ ナ 右 右
月	달 월 (8급)	ノ 刀 月 月
有	있을 유 (7급)	ノ ナ ナ 冇 有 有
育	기를 육 (7급)	丶 亠 亡 云 产 育 育 育
邑	고을 읍 (7급)	丨 ㅁ 口 므 吕 吕 邑
二	두 이 (8급)	一 二
人	사람 인 (8급)	ノ 人
一	한 일 (8급)	一
日	날 일 (8급)	丨 冂 日 日

7급 배정

入 들 입 (7급)
ノ 入

自 스스로 자 (7급)
′ 丫 自 自 自

子 아들 자 (7급)
⁊ 了 子

字 글자 자 (7급)
丶 ′ 宀 宁 字 字

場 마당 장 (7급)
一 十 土 圢 圠 垣 坦 場 場 場

長 긴 장 (8급)
一 厂 F F 투 長 長 長

電 번개 전 (7급)
一 厂 厂 冂 币 帀 雨 雨 雪 雷 電

全 온전 전 (7급)
ノ 入 仝 仐 全 全

前 앞 전 (7급)
丶 ′ 亠 广 产 歬 前 前

正 바를 정 (7급)
一 丁 下 正 正

150자 다지기 — 7급

弟 (8급)	아우 제	` ゛ ソ ゙ ᅩ 弁 弟 弟`
祖 (7급)	할아비 조	`一 二 丁 亓 帀 利 剂 祀 祖`
足 (7급)	발 족	`丶 口 口 므 무 足 足`
左 (7급)	왼 좌	`一 ナ 广 左 左`
主 (7급)	주인 주	`丶 ー 二 キ 主`
住 (7급)	살 주	`ノ イ 亻 仁 住 住`
中 (8급)	가운데 중	`丶 口 口 中`
重 (7급)	무거울 중	`一 二 千 台 台 旨 盲 重 重`
紙 (7급)	종이 지	`ㅣ ㄴ ㄠ ㄠ 幺 糸 紆 紙 紙`
地 (7급)	땅 지	`一 十 土 士 圠 地`

한자검정능력 7급 **101**

直 7급 곧을 직	一 十 十 十 古 古 直 直 直
川 7급 내 천	ノ 丿 川
千 7급 일천 천	一 二 千
天 7급 하늘 천	一 二 干 天
青 8급 푸를 청	一 二 丰 主 吉 吉 青 青
草 7급 풀 초	一 十 廾 艹 扩 芍 苩 草 草
寸 8급 마디 촌	一 寸 寸
村 7급 마을 촌	一 十 オ 木 村 村 村
秋 7급 가을 추	一 二 千 禾 禾 禾 秋 秋 秋
春 7급 봄 춘	一 二 三 声 夫 未 春 春 春

150자 다지기 — 7급

한자	훈음	획순
出 (7급)	날 출	丨 屮 屮 出 出
七 (8급)	일곱 칠	一 七
土 (8급)	흙 토	一 十 土
八 (8급)	여덟 팔	ノ 八
便 (7급)	편할 편	ノ 亻 亻 仨 佢 佢 使 便
平 (7급)	평평할 평	一 ㇒ 二 三 平
下 (7급)	아래 하	一 丅 下
夏 (7급)	여름 하	一 ㇒ 丆 百 百 百 頁 頁 夏
學 (8급)	배울 학	ʼ ｢ ﹁ ﹃ ﹄ ﹅ ﹆ 與 學 學
韓 (8급)	한국 한	一 十 十 古 吉 古 直 卓 卓 卓 卓 韓 韓 韓 韓

한자검정능력 7급

7급

7.급.배.정

漢 한수 한	丶 冫 氵 氵 汁 汁 芦 芦 芦 萱 萱 漢 漢 漢 漢 漢

海 바다 해	丶 冫 氵 氵 泞 海 海 海 海 海 海

兄 형 형	丨 口 口 尸 兄 兄 兄 兄

火 불 화	丶 丷 少 火 火 火 火

話 말씀 화	丶 亠 ㇒ 言 言 言 言 訁 訐 訐 話 話 話 話 話

花 꽃 화	丶 丷 ㇒ 艹 艹 艻 花 花 花 花

活 살 활	丶 冫 氵 氵 汀 汗 汗 活 活 活 活 活

孝 효도 효	一 十 土 耂 耂 孝 孝 孝 孝 孝

後 뒤 후	丿 彳 彳 彳 行 伟 後 後 後 後 後 後

休 쉴 휴	丿 亻 亻 什 休 休 休 休 休

104 - 7급 배정 150자 다지기

필순(筆順) 익히기

한자의 쓰는 순서에는 다음과 같이 몇 가지 원칙이 있습니다.

1 위에서부터 차례로 씁니다.

　　`丶 亠 圭 言 言 言 言`

2 왼쪽부터 차례로 씁니다.

　　`丿 丿丨 川`

3 가로획을 세로획보다 먼저 씁니다.

　　`一 十 才 木`

4 좌우대칭에서 가운데 획을 먼저 씁니다.

　　`亅 刂 氺 水`

5 꿰뚫는 획은 나중에 씁니다.

　　`丨 口 口 中`

6 꿰뚫는 획의 아래가 막히면 먼저 씁니다.

　　`丿 亠 二 牛 生`

7 가로지르는 획은 나중에 씁니다.

　　`く 夊 女`

8 삐침(丿)은 파임(丶)보다 먼저 씁니다.

　　`丿 八 分 父`

9 바깥을 먼저 쓰고 안을 나중에 씁니다.

　　`丨 冂 冂 同 同 同`

10 오른쪽 위의 획은 맨 나중에 씁니다.

　　`一 ナ 大 犬`

11 아래를 감싼 획은 나중에 씁니다.

　　`𠃌 也 也`

12 받침은 맨 나중에 씁니다.

　　`丿 厂 斤 斤 沂 近 近`

한자검정능력 7급 **105**

六書(육서) 익히기

한자의 형성을 설명하는 6가지 기본 원리

象形(상형) 문자
대부분 구체적인 사물의 모양을 본떠 만든 글자로 한자가 만들어진 가장 기본이 되는 원리입니다.

⛰ → 山 → 山   ☉ → ⊖ → 日

川 → 小 → 川   ᛗ → 門 → 門

指事(지사) 문자
상형문자처럼 구체적인 모양을 나타낼 수 없는 개념이나 사상 등을 선이나 점으로 나타낸 글자를 말합니다.

☝ → 一   ✌ → 三

⸺ → 上   🎯 → 中

會意(회의) 문자
이미 만들어진 두 개 이상의 글자를 결합하여 새로운 의미를 갖는 한자를 만든 것을 말합니다.

木 + 木 = 林   日 + 月 = 明
(나무 목) (나무 목) (수풀 림)   (날 일) (달 월) (밝을 명)

宀 + 至 = 室   女 + 子 = 好
(집 면) (이를 지) (집 실)   (계집 녀) (아들 자) (좋을 호)

| 形聲(형성) 문자 | 이미 만들어진 글자를 합하여 한 쪽은 음(音)을 다른 한 쪽은 뜻(意)를 나타낸 글자를 말합니다. |

豆 + 頁 = 頭   耳 + 門 = 聞
(콩 두) (머리 혈) (머리 두)   (귀 이) (문 문) (들을 문)

言 + 己 = 記   水 + 青 = 淸
(말씀 언) (몸 기) (기록할 기)   (물 수) (푸를 청) (맑을 청)

| 轉注(전주) 문자 | 이미 완성된 글자의 뜻에서 다른 뜻으로 바꾸어 쓰는 글자로 한 글자에 여러 가지 뜻과 음이 있게 됩니다. |

樂　노래 악　　音樂(음악)
　　즐길 락　　快樂(쾌락)

惡　악할 악　　害惡(해악)
　　미워할 오　憎惡(증오)

| 假借(가차) 문자 | 글자의 뜻과는 상관없이 소리가 같거나 형태가 비슷한 글자를 빌려 쓰는 것으로 외래어 등을 표현할 때 사용됩니다. |

亞細亞(아세아)　　歐羅巴(구라파)

佛蘭西(불란서)　　印度(인도)

部首(부수) 익히기

부수는 위치에 따라 여덟 가지 형태로 구분됩니다.

변 (邊) 부수가 글자의 왼쪽에 있는 것

亻 사람인변	仁(어질 인)	代(대신할 대)	件(사건 건)
氵 삼수변	江(강 강)	法(법 법)	油(기름 유)
言 말씀언변	計(셀 계)	記(기록할 기)	訓(가르칠 훈)

방 (傍) 부수가 글자의 오른쪽에 있는 것

刂 선칼도방	利(이할 리)	刊(새길 간)	前(앞 전)
阝 우부방	郡(고을 군)	部(떼 부)	邦(나라 방)
卩 병부절	印(도장 인)	卯(토끼 묘)	却(물리칠 각)

머리 (頭) 부수가 글자의 윗부분에 있는 것

亠 돼지해머리	交(사귈 교)	亡(망할 망)	京(서울 경)
艹 초두머리	花(꽃 화)	草(풀 초)	苦(쓸 고)
宀 갓머리	守(지킬 수)	宇(집 우)	安(편안 안)

발 (脚) 부수가 글자의 아래쪽에 있는 것

儿 어진사람인발	兄(맏 형)	光(빛 광)	元(으뜸 원)
灬 연화발	然(그럴 연)	烏(까마귀 오)	無(없을 무)
皿 그릇명	益(더할 익)	盛(성할 성)	盡(다할 진)

엄 (广)

부수가 글자의 왼쪽과 위쪽을 에워싸고 있는 것

厂 민엄호	原(언덕 원)	厚(두터울 후)	厄(재앙 액)
广 엄호	庭(뜰 정)	序(차례 서)	度(법도 도)
虍 범호엄	虎(범 호)	處(곳 처)	虛(빌 허)

받침

부수가 글자의 왼쪽과 아랫부분을 에워싸고 있는 것

辶 책받침	近(가까울 근)	送(보낼 송)	迎(맞을 영)
廴 민책받침	建(세울 건)	延(늘일 연)	廷(조정 정)

몸 (構)

부수가 글자 전체를 에워싸고 있는 것

口 큰입구몸	四(넉 사)	國(나라 국)	固(굳을 고)
門 문문	間(사이 간)	開(열 개)	聞(들을 문)
匚 감출혜몸	區(구역 구)	匹(짝 필)	医(의원 의)
凵 위터진입구	出(날 출)	凶(흉할 흉)	

제부수

부수가 그대로 글자로 쓰이는 것

馬 말 마	角 뿔 각	車 수레 거
鼻 코 비	夕 저녁 석	豆 콩 두
行 다닐 행	風 바람 풍	鳥 새 조

7급 한자 익히기

상대어 / 반의어

教 ↔ 學	南 ↔ 北	男 ↔ 女	内 ↔ 外
가르칠 교 / 배울 학	남녘 남 / 북녘 북	사내 남 / 계집 녀	안 내 / 바깥 외
大 ↔ 小	東 ↔ 西	老 ↔ 少	問 ↔ 答
큰 대 / 작을 소	동녘 동 / 서녘 서	늙을 로 / 적을 소	물을 문 / 대답 답
父 ↔ 子	上 ↔ 下	水 ↔ 火	手 ↔ 足
아비 부 / 아들 자	윗 상 / 아래 하	물 수 / 불 화	손 수 / 발 족
日 ↔ 月	子 ↔ 女	前 ↔ 後	左 ↔ 右
해 일 / 달 월	아들 자 / 계집 녀	앞 전 / 뒤 후	왼 좌 / 오른 우
天 ↔ 地	春 ↔ 秋	出 ↔ 入	兄 ↔ 弟
하늘 천 / 땅 지	봄 춘 / 가을 추	날 출 / 들 입	형 형 / 아우 제

유의어

家 室	安 便	生 出	地 土
집 가 / 집 실	편안 안 / 편할 편	날 생 / 날 출	땅 지 / 흙 토
邑 洞	里 村	小 少	算 數
고을 읍 / 골 동	마을 리 / 마을 촌	작을 소 / 적을 소	셈 산 / 셈 수

正 直	語 話	先 前	住 活
바를 정 / 곧을 직	말씀 어 / 말씀 화	먼저 선 / 앞 전	살 주 / 살 활

모양이 닮은 한자

百 白 自	人 入 八	金 全
일백 백 / 흰 백 / 스스로 자	사람 인 / 들 입 / 여덟 팔	쇠 금 / 온전 전

間 門 問	每 母 海	寸 村
사이 간 / 문 문 / 물을 문	매양 매 / 어미 모 / 바다 해	마디 촌 / 마을 촌

水 木 不	王 主 住	動 重
물 수 / 나무 목 / 아닐 불	임금 왕 / 주인 주 / 살 주	움직일 동 / 무거울 중

靑 春	車 軍	文 父	植 直
푸를 청 / 봄 춘	수레 거 / 군사 군	글월 문 / 아비 부	심을 식 / 곧을 직

江 工	子 字	千 午	天 夫
강 강 / 장인 공	아들 자 / 글자 자	일천 천 / 낮 오	하늘 천 / 지아비 부

老 孝	有 育
늙을 로 / 효도 효	있을 유 / 기를 육

한자성어

南男北女	남 남 북 녀
8 7 8 8	잘생긴 사람이 남자는 남쪽에 여자는 북쪽에 많다는 말

男女老少	남 녀 노 소
7 8 7 7	남자, 여자, 늙은이, 젊은이를 함께 이르는 말

東問西答	동 문 서 답
8 7 8 7	질문에 적절한 대답을 하지 않고 엉뚱한 대답을 함

名山大川	명 산 대 천
7 8 8 7	이름난 산과 큰 내를 이르는 것으로 자연 경관이 빼어난 곳

不老長生	불 로 장 생
7 7 8 8	늙지 않고 오래 삶

四方八方
사 방 팔 방
모든 방향을 함께 이르는 말

山川草木
산 천 초 목
산과 내와 풀과 나무 즉 자연을 이르는 말

三三五五
삼 삼 오 오
서너 명이나 대여섯 명의 사람들이 무리지어 다니거나 어떤 일을 하는 모습을 나타낸 말

三一天下
삼 일 천 하
잠시 정권을 잡았다가 얼마 지나지 않아 실패함을 이르는 말

上下左右
상 하 좌 우
위와 아래 왼쪽 오른쪽을 이르는 말

한자성어

世上萬事
7 7 8 7

세 상 만 사
세상에서 일어나는 모든 일을 말함

世 上 萬 事

十中八九
8 8 8 8

십 중 팔 구
열 중 여덟이나 아홉은 그러하다는 의미로 거의 틀림없다는 말입니다.

十 中 八 九

月下老人
8 7 7 8

월 하 노 인
중국에서 유래한 말로 부부의 연을 맺어 주는 중매쟁이 노인을 말함

月 下 老 人

人山人海
8 8 8 7

인 산 인 해
사람들이 아주 많아 산과 바다처럼 보이는 상태

人 山 人 海

一問一答
8 7 8 7

일 문 일 답
한 번의 물음에 한 번씩 대답함

一 問 一 答

一 日 三 秋	일 일 삼 추
8 8 8 7	하루가 삼 년 같다는 뜻으로 매우 지루함을 말함

自 問 自 答	자 문 자 답
7 7 7 7	스스로 묻고 스스로 대답함

左 之 右 之	좌 지 우 지
7 3 7 3	제 마음대로 다루거나 휘두름

靑 天 白 日	청 천 백 일
8 7 8 8	환하게 밝은 대낮

春 夏 秋 冬	춘 하 추 동
7 7 7 7	봄, 여름, 가을, 겨울을 함께 이르는 말

주의하여 읽기

두음법칙

단어의 첫소리에 'ㄴ'이나 'ㄹ'이 오는 것을 꺼리는 현상으로 이런 한자어가 단어의 맨 처음에 올 때는 다음과 같이 표기합니다.

女 (계집 녀)
- 母女 모녀
- 女人 여인

女가 맨 앞에 올 때는 '여'로 읽습니다.

年 (해 년)
- 生年 생년
- 年金 연금

年이 맨 앞에 올 때는 '연'으로 읽습니다.

里 (마을 리)
- 洞里 동리
- 里長 이장

里가 맨 앞에 올 때는 '이'로 읽습니다.

老 (늙을 로)
- 長老 장로
- 老人 노인

老가 맨 앞에 올 때는 '노'로 읽습니다.

숫자가 달을 나타낼 때

숫자 六과 十을 달로 나타낼 때는 원래의 소리로 나타내지 않고 다음과 같이 소리 나는 대로 나타냅니다.

六 (여섯 륙) → 六月 (유월)   十 (열 십) → 十月 (시월)

두 가지 음으로 읽는 한자

車
- 수레 거 / 人力車(인력거)
- 차 차 / 下車(하차)

金
- 쇠 금 / 萬金(만금)
- 성 김 / 金氏(김씨)

洞
- 골 동 / 洞內(동내)
- 밝을 통 / 洞開(통개)

不
- 아닐 불 / 不問(불문)
- 아닐 부 / 不正(부정)

北
- 북녘 북 / 南北(남북)
- 달아날 배 / 敗北(패배)

便
- 편할 편 / 便安(편안)
- 똥오줌 변 / 便所(변소)

7급 기출 예상문제 제1회

〈제한시간 50분〉

1 다음 漢字(한자)의 訓(훈:뜻)과 音(음:소리)을 쓰세요. [(1)~(20)]

> 例: 字 → 글자 자

(1) 祖 (2) 夕
(3) 休 (4) 心
(5) 林 (6) 長
(7) 然 (8) 老
(9) 旗 (10) 子
(11) 主 (12) 話
(13) 來 (14) 夫
(15) 時 (16) 歌
(17) 少 (18) 孝
(19) 口 (20) 動

2 다음 漢字語(한자어)의 音(음)을 쓰세요. [(21)~(52)]

> 例: 漢字 → 한자

(21) 命中 (22) 青春
(23) 生活 (24) 白花
(25) 下校 (26) 兄弟
(27) 農家 (28) 正答
(29) 有事 (30) 寸數
(31) 安住 (32) 世上
(33) 先後 (34) 空軍
(35) 洞里 (36) 植物
(37) 小食 (38) 外人
(39) 自重 (40) 電工
(41) 王室 (42) 手足
(43) 面前 (44) 市立
(45) 男便 (46) 記名
(47) 百方 (48) 場所
(49) 大氣 (50) 每年
(51) 萬全 (52) 同門

3. 다음 訓(훈:뜻)과 音(음:소리)에 맞는 漢字(한자)를 例(예)에서 골라 그 번호를 쓰세요. [(53)~(62)]

例
① 夏 ② 算 ③ 不 ④ 道 ⑤ 姓
⑥ 冬 ⑦ 直 ⑧ 村 ⑨ 草 ⑩ 育

(53) 곧을 직 (54) 겨울 동

(55) 풀 초 (56) 셈 산

(57) 기를 육 (58) 길 도

(59) 마을 촌 (60) 성 성

(61) 여름 하 (62) 아닐 불

4. 다음 밑줄 친 단어의 漢字語(한자어)를 例(예)에서 골라 그 번호를 쓰세요. [(63)~(64)]

例
① 三間 ② 千秋
③ 邑內 ④ 海女

(63) 아버지는 읍내에 가셨다.

(64) 초가삼간에서 하룻밤을 지냈다.

5. 다음 漢字(한자)의 상대 또는 반대되는 漢字(한자)를 例(예)에서 골라 그 번호를 쓰세요. [(65)~(66)]

例
① 地 ② 左 ③ 川 ④ 出

(65) 天 ↔ (   )   (66) (   ) ↔ 入

6. 다음 漢字語(한자어)의 뜻을 쓰세요. [(67)~(68)]

(67) 登山

(68) 月色

7. 다음 漢字(한자)의 ㉠획의 쓰는 순서를 아래에서 골라 그 번호를 쓰세요. (화살표는 ㉠획의 위치와 더불어 획을 쓰는 방향을 나타냅니다.) [(69)~(70)]

(69) 東㉠
① 두 번째
② 세 번째
③ 다섯 번째
④ 여섯 번째

(70) 平㉠
① 두 번째
② 세 번째
③ 네 번째
④ 다섯 번째

7급 한자능력검정시험 기출 예상문제 제2회

1 다음 漢字語(한자어)의 音(음:소리)을 쓰세요. [(1)~(32)]

例 漢字 → 한자

(1) 水軍   (2) 名答
(3) 平生   (4) 入金
(5) 所有   (6) 立面
(7) 先祖   (8) 住民
(9) 重大   (10) 孝子
(11) 電車   (12) 安心
(13) 事後   (14) 敎室
(15) 海邑   (16) 萬物
(17) 少數   (18) 市外
(19) 算出   (20) 道學
(21) 空中   (22) 日時
(23) 校花   (24) 地方
(25) 夕食   (26) 農歌
(27) 來世   (28) 每月
(29) 家長   (30) 東村
(31) 白旗   (32) 全然

2 다음 漢字(한자)의 訓(훈:뜻)과 音(음:소리)을 쓰세요. [(33)~(52)]

例 字 → 글자 자

(33) 便   (34) 自
(35) 工   (36) 足
(37) 春   (38) 川
(39) 色   (40) 午
(41) 直   (42) 天
(43) 男   (44) 王
(45) 靑   (46) 江
(47) 植   (48) 育
(49) 父   (50) 冬
(51) 秋   (52) 寸

3 다음 밑줄 친 단어의 漢字語(한자어)를 例(예)에서 골라 그 번호를 쓰세요. [(53)~(54)]

例
① 西門　② 登山
③ 五千　④ 手話

(53) 선생님은 학생들에게 <u>수화</u>를 가르칩니다.

(54) <u>등산</u>은 건강에 매우 좋습니다.

4 다음 訓(훈:뜻)과 音(음:소리)에 맞는 漢字(한자)를 例(예)에서 골라 그 번호를 쓰세요. [(55)~(64)]

例
① 林　② 休　③ 夫　④ 命　⑤ 洞
⑥ 女　⑦ 場　⑧ 夏　⑨ 間　⑩ 活

(55) 수풀 림　　(56) 목숨 명

(57) 지아비 부　(58) 사이 간

(59) 쉴 휴　　　(60) 마당 장

(61) 계집 녀　　(62) 살 활

(63) 여름 하　　(64) 골 동

5 다음 漢字(한자)의 상대 또는 반대되는 漢字(한자)를 例(예)에서 골라 그 번호를 쓰세요. [(65)~(66)]

例
① 南　② 弟　③ 主　④ 左

(65) (　　) ↔ 北

(66) 兄 ↔ (　　)

6 다음 漢字語(한자어)의 뜻을 쓰세요. [(67)~(68)]

(67) 老母

(68) 同姓

7 다음 漢字(한자)의 ㉠획의 쓰는 순서를 例(예)에서 골라 그 번호를 쓰세요. (화살표는 ㉠획의 위치와 더불어 획을 쓰는 방향을 나타냅니다.) [(69)~(70)]

例
① 첫 번째　　② 두 번째
③ 세 번째　　④ 네 번째
⑤ 다섯 번째　⑥ 여섯 번째
⑦ 일곱 번째

(69) 年

(70) 里

7급 한자능력검정시험 기출 예상문제 제3회

1 다음 漢字(한자)의 訓(훈:뜻)과 音(음:소리)을 쓰세요. [(1)~(20)]

字 → 글자 자

(1) 夫   (2) 草
(3) 午   (4) 室
(5) 海   (6) 入
(7) 冬   (8) 同
(9) 邑   (10) 育
(11) 工 (12) 前
(13) 然 (14) 足
(15) 命 (16) 敎
(17) 手 (18) 不
(19) 物 (20) 平

2 다음 漢字語(한자어)의 音(음)을 쓰세요. [(21)~(52)]

漢字 → 한자

(21) 生色   (22) 世間
(23) 正直   (24) 時空
(25) 自重   (26) 千萬
(27) 百姓   (28) 靑天
(29) 日氣   (30) 所有
(31) 農軍   (32) 市立
(33) 左右   (34) 安全
(35) 地方   (36) 住民
(37) 老少   (38) 春秋
(39) 每事   (40) 登記
(41) 木花   (42) 名答
(43) 孝道   (44) 休學
(45) 洞里   (46) 祖父
(47) 寸數   (48) 男便
(49) 心中   (50) 算出
(51) 活火   (52) 電話

3 다음 訓(훈:뜻)과 音(음:소리)에 맞는 漢字(한자)를 例(예)에서 골라 그 번호를 쓰세요. [(53)~(62)]

例
① 夏 ② 夕 ③ 植 ④ 旗 ⑤ 子
⑥ 主 ⑦ 外 ⑧ 下 ⑨ 金 ⑩ 林

(53) 주인 주   (54) 바깥 외

(55) 아래 하   (56) 여름 하

(57) 심을 식   (58) 기 기

(59) 저녁 석   (60) 쇠 금

(61) 수풀 림   (62) 아들 자

4 다음 밑줄 친 단어의 漢字語(한자어)를 例(예)에서 골라 그 번호를 쓰세요. [(63)~(64)]

例
① 村長   ② 校歌
③ 兄弟   ④ 場面

(63) 교가를 부르며 행진했다.

(64) 바로 그 장면을 다시 보고 싶다.

5 다음 漢字(한자)의 상대 또는 반대되는 漢字(한자)를 例(예)에서 골라 그 번호를 쓰세요. [(65)~(66)]

例
① 東   ② 西   ③ 先   ④ 北

(65) 南 ↔ (   )

(66) (   ) ↔ 後

6 다음 漢字語(한자어)의 뜻을 쓰세요. [(67)~(68)]

(67) 家內

(68) 食水

7 다음 漢字(한자)의 ㉠획의 쓰는 순서를 例(예)에서 골라 그 번호를 쓰세요. (화살표는 ㉠획의 위치와 더불어 획을 쓰는 방향을 나타냅니다.) [(69)~(70)]

例
① 첫 번째   ② 두 번째
③ 세 번째   ④ 네 번째
⑤ 다섯 번째   ⑥ 여섯 번째
⑦ 일곱 번째

(69) 村

(70) 來

7급 한자능력검정시험 기출 예상문제 제4회

1 다음 漢字語(한자어)의 音(음:소리)을 쓰세요. [(1)~(32)]

例: 漢字 → 한자

(1) 萬方
(2) 老父
(3) 問答
(4) 數百
(5) 同姓
(6) 學校
(7) 日記
(8) 弟子
(9) 手話
(10) 電算
(11) 生母
(12) 道場
(13) 火車
(14) 草家
(15) 便紙
(16) 食水
(17) 王祖
(18) 山川
(19) 金色
(20) 農村
(21) 每事
(22) 木工
(23) 室長
(24) 秋夕
(25) 少年
(26) 軍歌
(27) 敎育
(28) 土地
(29) 午後
(30) 兄夫
(31) 靑春
(32) 孝女

2 다음 漢字(한자)의 訓(훈:뜻)과 音(음:소리)을 쓰세요. [(33)~(52)]

例: 字 → 글자 자

(33) 活
(34) 休
(35) 命
(36) 空
(37) 名
(38) 白
(39) 月
(40) 旗
(41) 面
(42) 然
(43) 北
(44) 林
(45) 花
(46) 天
(47) 重
(48) 來
(49) 邑
(50) 所
(51) 有
(52) 夏

3. 다음 밑줄 친 단어의 漢字語(한자어)를 例(예)에서 골라 그 번호를 쓰세요. [(53)~(54)]

> 例
> ① 南東 ② 時間
> ③ 中國 ④ 動物

(53) 집에서 학교까지는 한 시간이 걸립니다.

(54) 동물원에는 여러 가지 동물이 있습니다.

4. 다음 訓(훈:뜻)과 音(음:소리)에 맞는 漢字(한자)를 例(예)에서 골라 그 번호를 쓰세요. [(55)~(64)]

> 例
> ① 登 ② 江 ③ 出 ④ 里 ⑤ 植
> ⑥ 主 ⑦ 冬 ⑧ 安 ⑨ 世 ⑩ 民

(55) 겨울 동   (56) 주인 주

(57) 마을 리   (58) 편안할 안

(59) 심을 식   (60) 오를 등

(61) 날 출   (62) 인간 세

(63) 강 강   (64) 백성 민

5. 다음 漢字(한자)의 상대 또는 반대되는 漢字(한자)를 例(예)에서 골라 그 번호를 쓰세요. [(65)~(66)]

> 例
> ① 男 ② 外 ③ 力 ④ 左

(65) (   ) ↔ 右

(66) 內 ↔ (   )

6. 다음 漢字語(한자어)의 뜻을 쓰세요. [(67)~(68)]

(67) 門前

(68) 自立

7. 다음 漢字(한자)의 ㉠획의 쓰는 순서를 例(예)에서 골라 그 번호를 쓰세요. (화살표는 ㉠획의 위치와 더불어 획을 쓰는 방향을 나타냅니다.) [(69)~(70)]

> 例
> ① 첫 번째   ② 두 번째
> ③ 세 번째   ④ 네 번째
> ⑤ 다섯 번째 ⑥ 여섯 번째

(69) 住

(70) 正

※ 7급 과정을 모두 마친 후, 가위로 잘라 기출 예상문제의 답안지로 사용합니다.

수험번호 ☐☐☐-☐☐-☐☐☐☐   성명 ☐☐☐☐

주민등록번호 ☐☐☐☐☐☐-☐☐☐☐☐☐☐

※ 유성 싸인펜, 붉은색 필기구 사용 불가.

※ 답안지는 컴퓨터로 처리되므로 구기거나 더럽히지 마시고 정답 칸 안에만 쓰십시오.
글씨가 채점란으로 들어오면 오답처리가 됩니다.

제1회 한자능력검정시험 7급 답안지(1)

답안란		채점란		답안란		채점란		답안란		채점란	
번호	정답	1검	2검	번호	정답	1검	2검	번호	정답	1검	2검
1				12				23			
2				13				24			
3				14				25			
4				15				26			
5				16				27			
6				17				28			
7				18				29			
8				19				30			
9				20				31			
10				21				32			
11				22				33			

감독위원	채점위원(1)		채점위원(2)		채점위원(3)	
(서명)	(득점)	(서명)	(득점)	(서명)	(득점)	(서명)

※ 뒷면으로 이어짐

※ 본 답안지는 컴퓨터로 처리되므로 구겨지거나 더럽혀지지 않도록 조심하시고 글씨를 칸 안에 또박또박 쓰십시오.

제1회 한자능력검정시험 7급 답안지(2)

답안란		채점란		답안란		채점란		답안란		채점란	
번호	정답	1검	2검	번호	정답	1검	2검	번호	정답	1검	2검
34				47				60			
35				48				61			
36				49				62			
37				50				63			
38				51				64			
39				52				65			
40				53				66			
41				54				67			
42				55				68			
43				56				69			
44				57				70			
45				58							
46				59							

※ 7급 과정을 모두 마친 후, 가위로 잘라 기출 예상문제의 답안지로 사용합니다.

수험번호	☐☐☐-☐☐-☐☐☐☐	성명 ☐☐☐☐☐
주민등록번호	☐☐☐☐☐☐-☐☐☐☐☐☐☐	※ 유성 싸인펜, 붉은색 필기구 사용 불가.

※ 답안지는 컴퓨터로 처리되므로 구기거나 더럽히지 마시고 정답 칸 안에만 쓰십시오.
　글씨가 채점란으로 들어오면 오답처리가 됩니다.

제2회 한자능력검정시험 7급 답안지(1)

답안란		채점란		답안란		채점란		답안란		채점란	
번호	정답	1검	2검	번호	정답	1검	2검	번호	정답	1검	2검
1				12				23			
2				13				24			
3				14				25			
4				15				26			
5				16				27			
6				17				28			
7				18				29			
8				19				30			
9				20				31			
10				21				32			
11				22				33			

감독위원	채점위원(1)		채점위원(2)		채점위원(3)	
(서명)	(득점)	(서명)	(득점)	(서명)	(득점)	(서명)

※ 뒷면으로 이어짐

※ 본 답안지는 컴퓨터로 처리되므로 구겨지거나 더럽혀지지 않도록 조심하시고 글씨를 칸 안에 또박또박 쓰십시오.

제2회 한자능력검정시험 7급 답안지(2)

번호	답안란 정답	채점란 1검	채점란 2검	번호	답안란 정답	채점란 1검	채점란 2검	번호	답안란 정답	채점란 1검	채점란 2검
34				47				60			
35				48				61			
36				49				62			
37				50				63			
38				51				64			
39				52				65			
40				53				66			
41				54				67			
42				55				68			
43				56				69			
44				57				70			
45				58							
46				59							

※ 7급 과정을 모두 마친 후, 가위로 잘라 기출 예상문제의 답안지로 사용합니다.

수험번호	□□□-□□-□□□□	성명	□□□□□
주민등록번호	□□□□□□-□□□□□□□		※ 유성 싸인펜, 붉은색 필기구 사용 불가.

※ 답안지는 컴퓨터로 처리되므로 구기거나 더럽히지 마시고 정답 칸 안에만 쓰십시오.
　글씨가 채점란으로 들어오면 오답처리가 됩니다.

제3회 한자능력검정시험 7급 답안지(1)

답안란		채점란		답안란		채점란		답안란		채점란	
번호	정답	1검	2검	번호	정답	1검	2검	번호	정답	1검	2검
1				12				23			
2				13				24			
3				14				25			
4				15				26			
5				16				27			
6				17				28			
7				18				29			
8				19				30			
9				20				31			
10				21				32			
11				22				33			

감독위원	채점위원(1)		채점위원(2)		채점위원(3)	
(서명)	(득점)	(서명)	(득점)	(서명)	(득점)	(서명)

※ 뒷면으로 이어짐

※ 본 답안지는 컴퓨터로 처리되므로 구겨지거나 더럽혀지지 않도록 조심하시고 글씨를 칸 안에 또박또박 쓰십시오.

제3회 한자능력검정시험 7급 답안지(2)

답안란		채점란		답안란		채점란		답안란		채점란	
번호	정답	1검	2검	번호	정답	1검	2검	번호	정답	1검	2검
34				47				60			
35				48				61			
36				49				62			
37				50				63			
38				51				64			
39				52				65			
40				53				66			
41				54				67			
42				55				68			
43				56				69			
44				57				70			
45				58							
46				59							

※ 7급 과정을 모두 마친 후, 가위로 잘라 기출 예상문제의 답안지로 사용합니다.

수험번호 ☐☐☐-☐☐-☐☐☐☐   성명 ☐☐☐☐☐

주민등록번호 ☐☐☐☐☐☐-☐☐☐☐☐☐☐

※ 유성 싸인펜, 붉은색 필기구 사용 불가.

※ 답안지는 컴퓨터로 처리되므로 구기거나 더럽히지 마시고 정답 칸 안에만 쓰십시오.
 글씨가 채점란으로 들어오면 오답처리가 됩니다.

제4회 한자능력검정시험 7급 답안지(1)

번호	정답	1검	2검	번호	정답	1검	2검	번호	정답	1검	2검
1				12				23			
2				13				24			
3				14				25			
4				15				26			
5				16				27			
6				17				28			
7				18				29			
8				19				30			
9				20				31			
10				21				32			
11				22				33			

감독위원	채점위원(1)		채점위원(2)		채점위원(3)	
(서명)	(득점)	(서명)	(득점)	(서명)	(득점)	(서명)

※ 뒷면으로 이어짐

※ 본 답안지는 컴퓨터로 처리되므로 구겨지거나 더럽혀지지 않도록 조심하시고 글씨를 칸 안에 또박또박 쓰십시오.

제4회 한자능력검정시험 7급 답안지(2)

번호	정답	1검	2검	번호	정답	1검	2검	번호	정답	1검	2검
34				47				60			
35				48				61			
36				49				62			
37				50				63			
38				51				64			
39				52				65			
40				53				66			
41				54				67			
42				55				68			
43				56				69			
44				57				70			
45				58							
46				59							

7급 한자능력검정시험 적중예상문제 제1회

〈제한시간 50분〉

1. 다음 漢字(한자)의 訓(훈:뜻)과 音(음:소리)을 쓰세요. [(1)~(20)]

예) 字 → 글자 자

(1) 前 (2) 道
(3) 有 (4) 午
(5) 邑 (6) 便
(7) 全 (8) 答
(9) 少 (10) 算
(11) 洞 (12) 軍
(13) 寸 (14) 夫
(15) 冬 (16) 住
(17) 紙 (18) 育
(19) 海 (20) 秋

2. 다음 漢字語(한자어)의 音(음)을 쓰세요. [(21)~(52)]

예) 漢字 → 한자

(21) 家門 (22) 百方
(23) 心算 (24) 每年
(25) 平面 (26) 安全
(27) 白花 (28) 電氣
(29) 秋夕 (30) 心地
(31) 生活 (32) 里長
(33) 命中 (34) 老母
(35) 登記 (36) 南北
(37) 空間 (38) 東方
(39) 洞里 (40) 教室
(41) 植木 (42) 三重
(43) 文民 (44) 空白
(45) 教花 (46) 電話
(47) 活力 (48) 正答
(49) 日記 (50) 自然
(51) 手下 (52) 數學

3 다음 訓(훈:뜻)과 音(음:소리)에 맞는 漢字(한자)를 例(예)에서 골라 그 번호를 쓰세요. [(53)~(62)]

例
① 口　② 動　③ 林　④ 歌　⑤ 夕
⑥ 旗　⑦ 長　⑧ 重　⑨ 民　⑩ 車

(53) 무거울 중　　(54) 수풀 림

(55) 저녁 석　　(56) 백성 민

(57) 노래 가　　(58) 수레 거

(59) 기 기　　(60) 입 구

(61) 긴 장　　(62) 움직일 동

4 다음 밑줄 친 구절의 뜻에 가장 가까운 漢字語(한자어)를 例(예)에서 골라 그 번호를 쓰세요. [(63)~(64)]

例
① 人氣　　② 正直
③ 問答　　④ 長男

(63) 묻고 답하는 사이에 시간이 많이 지났다.

(64) 나는 우리 집안의 맏아들이다.

5 다음 漢字(한자)의 상대 또는 반대되는 漢字(한자)를 例(예)에서 골라 그 번호를 쓰세요. [(65)~(66)]

例
① 小　② 前　③ 少　④ 內

(65) (　) ↔ 外

(66) 老 ↔ (　)

6 다음 漢字語(한자어)의 뜻을 쓰세요. [(67)~(68)]

(67) 室內

(68) 農地

7 다음 漢字(한자)의 ㉠획은 몇 번째 쓰는지 例(예)에서 찾아 그 번호를 쓰세요. (화살표는 ㉠획의 위치와 더불어 획을 쓰는 방향을 나타냅니다.) [(69)~(70)]

例
① 첫 번째　　② 두 번째
③ 세 번째　　④ 네 번째
⑤ 다섯 번째　⑥ 여섯 번째
⑦ 일곱 번째

(69) 軍

(70) 年

7급 한자능력검정시험 적중예상문제

〈제한시간 50분〉

1 다음 漢字語(한자어)의 音(음)을 쓰세요. [(1)~(32)]

例	漢字 → 한자

(1) 午前   (2) 花草
(3) 下山   (4) 東海
(5) 學校   (6) 春秋
(7) 火車   (8) 生命
(9) 百姓   (10) 安全
(11) 室內   (12) 江南
(13) 歌手   (14) 文物
(15) 市長   (16) 青色
(17) 孝子   (18) 住民
(19) 家門   (20) 萬里
(21) 外食   (22) 敎育
(23) 每日   (24) 便所
(25) 國旗   (26) 七夕
(27) 地名   (28) 大韓
(29) 祖上   (30) 電氣
(31) 正直   (32) 活力

2 다음 漢字(한자)의 訓(훈:뜻)과 音(음:소리)을 쓰세요. [(33)~(52)]

例	字 → 글자 자

(33) 記   (34) 問
(35) 孝   (36) 夏
(37) 有   (38) 直
(39) 左   (40) 邑
(41) 川   (42) 男
(43) 工   (44) 家
(45) 花   (46) 便
(47) 天   (48) 重
(49) 正   (50) 字
(51) 九   (52) 地

3 다음 訓(훈:뜻)과 音(음:소리)에 맞는 漢字(한자)를 例(예)에서 골라 그 번호를 쓰세요. [(53)~(62)]

例
① 同 ② 冬 ③ 主 ④ 平 ⑤ 家
⑥ 算 ⑦ 答 ⑧ 手 ⑨ 正 ⑩ 夫

(53) 손 수   (54) 주인 주

(55) 집 가   (56) 바를 정

(57) 셈 산   (58) 겨울 동

(59) 평평할 평   (60) 한가지 동

(61) 대답 답   (62) 지아비 부

4 다음 밑줄 친 구절의 뜻에 가장 가까운 漢字語(한자어)를 例(예)에서 골라 그 번호를 쓰세요. [(63)~(64)]

例
① 文人   ② 南北
③ 北方   ④ 白人

(63) 북쪽 방향에서 바람이 분다.

(64) 아저씨는 글을 쓰는 사람이다.

5 다음 漢字(한자)의 상대 또는 반대되는 漢字(한자)를 例(예)에서 골라 그 번호를 쓰세요. [(65)~(66)]

例
① 木 ② 水 ③ 人 ④ 入

(65) (　　) ↔ 出

(66) 火 ↔ (　　)

6 다음 漢字語(한자어)의 뜻을 쓰세요. [(67)~(68)]

(67) 登山

(68) 靑色

7 다음 漢字(한자)의 ㉠획은 몇 번째 쓰는지 例(예)에서 찾아 그 번호를 쓰세요. (화살표는 ㉠획의 위치와 더불어 획을 쓰는 방향을 나타냅니다.) [(69)~(70)]

例
① 첫 번째   ② 두 번째
③ 세 번째   ④ 네 번째
⑤ 다섯 번째   ⑥ 여섯 번째
⑦ 일곱 번째

(69) 記

(70) 左

7급 한자능력검정시험 적중예상문제 제3회

〈제한시간 50분〉

1 다음 漢字(한자)의 訓(훈:뜻)과 音(음:소리)을 쓰세요. [(1)~(20)]

> 例 字 → 글자 자

(1) 方   (2) 口

(3) 白   (4) 所

(5) 里   (6) 登

(7) 出   (8) 右

(9) 命   (10) 色

(11) 天   (12) 春

(13) 時   (14) 夏

(15) 活   (16) 敎

(17) 重   (18) 動

(19) 算   (20) 話

2 다음 漢字語(한자어)의 音(음:소리)을 쓰세요. [(21)~(52)]

> 例 漢字 → 한자

(21) 市長   (22) 農夫
(23) 七夕   (24) 東海
(25) 後日   (26) 有色
(27) 萬事   (28) 場所
(29) 軍氣   (30) 生物
(31) 先祖   (32) 世上
(33) 時間   (34) 姓名
(35) 市長   (36) 兄弟
(37) 男女   (38) 面上
(39) 百花   (40) 天下
(41) 千萬   (42) 家門
(43) 外食   (44) 內面
(45) 正直   (46) 電工
(47) 午前   (48) 自然
(49) 主人   (50) 十里
(51) 孝子   (52) 平生

3 다음 訓(훈:뜻)과 音(음:소리)에 맞는 漢字(한자)를 例(예)에서 골라 그 번호를 쓰세요. [(53)~(62)]

例
① 邑 ② 紙 ③ 話 ④ 歌 ⑤ 直
⑥ 有 ⑦ 靑 ⑧ 重 ⑨ 洞 ⑩ 祖

(53) 푸를 청   (54) 골 동

(55) 종이 지   (56) 무거울 중

(57) 곧을 직   (58) 할아비 조

(59) 고을 읍   (60) 노래 가

(61) 말씀 화   (62) 있을 유

4 다음 밑줄 친 단어의 漢字語(한자어)를 例(예)에서 골라 그 번호를 쓰세요. [(63)~(64)]

例
① 不安   ② 家門
③ 問安   ④ 民心

(63) 부모님께 문안을 여쭈었다.

(64) 그 사건으로 민심이 크게 흔들렸다.

5 다음 漢字(한자)의 상대 또는 반대되는 漢字(한자)를 例(예)에서 골라 그 번호를 쓰세요. [(65)~(66)]

例
① 女   ② 子   ③ 弟   ④ 北

(65) 兄 ↔ (   )

(66) 男 ↔ (   )

6 다음 漢字語(한자어)의 뜻을 쓰세요. [(67)~(68)]

(67) 生家

(68) 草木

7 다음 漢字(한자)의 ㉠획은 몇 번째 쓰는지 例(예)에서 찾아 그 번호를 쓰세요. (화살표는 ㉠획의 위치와 더불어 획을 쓰는 방향을 나타냅니다.) [(69)~(70)]

例
① 첫 번째   ② 두 번째
③ 세 번째   ④ 네 번째
⑤ 다섯 번째 ⑥ 여섯 번째
⑦ 일곱 번째

(69) 食

(70) 軍

7급 한자능력검정시험 적중예상문제 제4회

〈제한시간 50분〉

1 다음 漢字語(한자어)의 音(음)을 쓰세요. [(1)~(32)]

例	漢字 → 한자

(1) 出動 (2) 外來
(3) 入場 (4) 邑內
(5) 市立 (6) 事後
(7) 植物 (8) 草家
(9) 名所 (10) 同姓
(11) 旗手 (12) 休學
(13) 安全 (14) 學校
(15) 世間 (16) 民心
(17) 江山 (18) 國旗
(19) 入室 (20) 空氣
(21) 祖上 (22) 每年
(23) 立春 (24) 文物
(25) 夏時 (26) 自然
(27) 育林 (28) 不便
(29) 直面 (30) 正門
(31) 世上 (32) 每日

2 다음 漢字(한자)의 訓(훈:뜻)과 音(음:소리)을 쓰세요. [(33)~(52)]

例	字 → 글자 자

(33) 心 (34) 孝
(35) 西 (36) 家
(37) 農 (38) 弟
(39) 便 (40) 歌
(41) 命 (42) 記
(43) 場 (44) 答
(45) 有 (46) 校
(47) 敎 (48) 村
(49) 火 (50) 冬
(51) 百 (52) 色

3 다음 밑줄 친 단어의 漢字語(한자어)를 例(예)에서 골라 그 번호를 쓰세요. [(53)~(54)]

> ① 山水 ② 長生
> ③ 中生 ④ 草木

(53) 불로장생

(54) 산천초목

4 다음 訓(훈:뜻)과 音(음:소리)에 맞는 漢字(한자)를 例(예)에서 골라 그 번호를 쓰세요. [(55)~(64)]

> ① 足 ② 動 ③ 時 ④ 白 ⑤ 夫
> ⑥ 六 ⑦ 天 ⑧ 然 ⑨ 登 ⑩ 寸

(55) 때 시   (56) 그럴 연

(57) 지아비 부   (58) 오를 등

(59) 마디 촌   (60) 흰 백

(61) 움직일 동   (62) 하늘 천

(63) 발 족   (64) 여섯 육

5 다음 漢字(한자)의 상대 또는 반대되는 漢字(한자)를 例(예)에서 골라 그 번호를 쓰세요. [(65)~(66)]

> ① 月 ② 數 ③ 學 ④ 東

(65) 敎 ↔ (   )

(66) 日 ↔ (   )

6 다음 漢字語(한자어)의 뜻을 쓰세요. [(67)~(68)]

(67) 海水

(68) 心中

7 다음 漢字(한자)의 ㉠획은 몇 번째 쓰는지 例(예)에서 찾아 그 번호를 쓰세요. (화살표는 ㉠획의 위치와 더불어 획을 쓰는 방향을 나타냅니다.) [(69)~(70)]

> ① 첫 번째   ② 두 번째
> ③ 세 번째   ④ 네 번째
> ⑤ 다섯 번째 ⑥ 여섯 번째
> ⑦ 일곱 번째

(69) 安

(70) 海

※ 7급 과정을 모두 마친 후, 가위로 잘라 적중 예상문제의 답안지로 사용합니다.

| 수험번호 | □□□-□□-□□□□ | | 성명 | □□□□□ |

| 주민등록번호 | □□□□□□-□□□□□□□ | | ※ 유성 싸인펜, 붉은색 필기구 사용 불가. |

※ 답안지는 컴퓨터로 처리되므로 구기거나 더럽히지 마시고 정답 칸 안에만 쓰십시오.
 글씨가 채점란으로 들어오면 오답처리가 됩니다.

제1회 한자능력검정시험 7급 답안지(1)

번호	답안란 정답	채점란 1검	채점란 2검	번호	답안란 정답	채점란 1검	채점란 2검	번호	답안란 정답	채점란 1검	채점란 2검
1				12				23			
2				13				24			
3				14				25			
4				15				26			
5				16				27			
6				17				28			
7				18				29			
8				19				30			
9				20				31			
10				21				32			
11				22				33			

감독위원	채점위원(1)		채점위원(2)		채점위원(3)	
(서명)	(득점)	(서명)	(득점)	(서명)	(득점)	(서명)

※ 뒷면으로 이어짐

※ 본 답안지는 컴퓨터로 처리되므로 구겨지거나 더럽혀지지 않도록 조심하시고 글씨를 칸 안에 또박또박 쓰십시오.

제1회 한자능력검정시험 7급 답안지(2)

답안란		채점란		답안란		채점란		답안란		채점란	
번호	정답	1검	2검	번호	정답	1검	2검	번호	정답	1검	2검
34				47				60			
35				48				61			
36				49				62			
37				50				63			
38				51				64			
39				52				65			
40				53				66			
41				54				67			
42				55				68			
43				56				69			
44				57				70			
45				58							
46				59							

※ 7급 과정을 모두 마친 후, 가위로 잘라 적중 예상문제의 답안지로 사용합니다.

수험번호	□□□-□□-□□□□			성명	□□□□□
주민등록번호	□□□□□□-□□□□□□□			※ 유성 싸인펜, 붉은색 필기구 사용 불가.	

※ 답안지는 컴퓨터로 처리되므로 구기거나 더럽히지 마시고 정답 칸 안에만 쓰십시오.
  글씨가 채점란으로 들어오면 오답처리가 됩니다.

제2회 한자능력검정시험 7급 답안지(1)

답안란		채점란		답안란		채점란		답안란		채점란	
번호	정답	1검	2검	번호	정답	1검	2검	번호	정답	1검	2검
1				12				23			
2				13				24			
3				14				25			
4				15				26			
5				16				27			
6				17				28			
7				18				29			
8				19				30			
9				20				31			
10				21				32			
11				22				33			

감독위원	채점위원(1)		채점위원(2)		채점위원(3)	
(서명)	(득점)	(서명)	(득점)	(서명)	(득점)	(서명)

※ 뒷면으로 이어짐

※ 본 답안지는 컴퓨터로 처리되므로 구겨지거나 더럽혀지지 않도록 조심하시고 글씨를 칸 안에 또박또박 쓰십시오.

제2회 한자능력검정시험 7급 답안지(2)

답안란		채점란		답안란		채점란		답안란		채점란	
번호	정답	1검	2검	번호	정답	1검	2검	번호	정답	1검	2검
34				47				60			
35				48				61			
36				49				62			
37				50				63			
38				51				64			
39				52				65			
40				53				66			
41				54				67			
42				55				68			
43				56				69			
44				57				70			
45				58							
46				59							

※ 7급 과정을 모두 마친 후, 가위로 잘라 적중 예상문제의 답안지로 사용합니다.

수험번호 □□□-□□-□□□□ 성명 □□□□□

주민등록번호 □□□□□□-□□□□□□□

※ 유성 싸인펜, 붉은색 필기구 사용 불가.

※ 답안지는 컴퓨터로 처리되므로 구기거나 더럽히지 마시고 정답 칸 안에만 쓰십시오.
  글씨가 채점란으로 들어오면 오답처리가 됩니다.

제3회 한자능력검정시험 7급 답안지(1)

번호	답안란 정답	채점란 1검	채점란 2검	번호	답안란 정답	채점란 1검	채점란 2검	번호	답안란 정답	채점란 1검	채점란 2검
1				12				23			
2				13				24			
3				14				25			
4				15				26			
5				16				27			
6				17				28			
7				18				29			
8				19				30			
9				20				31			
10				21				32			
11				22				33			

감독위원	채점위원(1)		채점위원(2)		채점위원(3)	
(서명)	(득점)	(서명)	(득점)	(서명)	(득점)	(서명)

※ 뒷면으로 이어짐

※ 본 답안지는 컴퓨터로 처리되므로 구겨지거나 더럽혀지지 않도록 조심하시고 글씨를 칸 안에 또박또박 쓰십시오.

제3회 한자능력검정시험 7급 답안지(2)

번호	정답	1검	2검	번호	정답	1검	2검	번호	정답	1검	2검
34				47				60			
35				48				61			
36				49				62			
37				50				63			
38				51				64			
39				52				65			
40				53				66			
41				54				67			
42				55				68			
43				56				69			
44				57				70			
45				58							
46				59							

※ 7급 과정을 모두 마친 후, 가위로 잘라 적중 예상문제의 답안지로 사용합니다.

수험번호 □□□-□□-□□□□　　　　성명 □□□□□

주민등록번호 □□□□□□-□□□□□□□

※ 유성 싸인펜, 붉은색 필기구 사용 불가.

※ 답안지는 컴퓨터로 처리되므로 구기거나 더럽히지 마시고 정답 칸 안에만 쓰십시오.
　글씨가 채점란으로 들어오면 오답처리가 됩니다.

제4회 한자능력검정시험 7급 답안지(1)

번호	정답	1검	2검	번호	정답	1검	2검	번호	정답	1검	2검
1				12				23			
2				13				24			
3				14				25			
4				15				26			
5				16				27			
6				17				28			
7				18				29			
8				19				30			
9				20				31			
10				21				32			
11				22				33			

감독위원	채점위원(1)		채점위원(2)		채점위원(3)	
(서명)	(득점)	(서명)	(득점)	(서명)	(득점)	(서명)

※ 뒷면으로 이어짐

※ 본 답안지는 컴퓨터로 처리되므로 구겨지거나 더럽혀지지 않도록 조심하시고 글씨를 칸 안에 또박또박 쓰십시오.

제4회 한자능력검정시험 7급 답안지(2)

번호	정답	1검	2검	번호	정답	1검	2검	번호	정답	1검	2검
40				54				68			
41				55				69			
42				56				70			
43				57				71			
44				58				72			
45				59				73			
46				60				74			
47				61				75			
48				62				76			
49				63				77			
50				64				78			
51				65				79			
52				66				80			
53				67							

모범답안

확인평가 1강

1. (1) 춘 (2) 추 (3) 석 (4) 시 (5) 간
   (6) 하 (7) 휴 (8) 동 (9) 오 (10) 동
2. (1) ③ (2) ④ (3) ⑤ (4) ⑥ (5) ① (6) ⑦
3. (1) ① (2) ② (3) ④ (4) ⑤
4. (1) 춘삼월 (2) 추석 (3) 오전 (4) 시간 (5) 석식
   (6) 휴교 (7) 간식 (8) 인간 (9) 하계 (10) 동력
5. (1) ① (2) ④ (3) ③ (4) ②
6. (1) 春秋 (2) 時間 (3) 生動

확인평가 2강

1. (1) 천 (2) 상 (3) 후 (4) 전 (5) 우
   (6) 입 (7) 좌 (8) 지
2. (1) ⑥ (2) ⑧ (3) ② (4) ① (5) ③ (6) ⑤
3. (1) ④ (2) ② (3) ⑤ (4) ①
4. (1) 좌방 (2) 전년 (3) 하산 (4) 등산 (5) 입국
   (6) 출가 (7) 천지 (8) 노인 (9) 후학 (10) 상수
5. (1) ① (2) ② (3) ③ (4) ④
6. (1) 午前 (2) 天國 (3) 地下

확인평가 3강

1. (1) 육 (2) 력 (3) 기 (4) 평 (5) 구
   (6) 면 (7) 족 (8) 심
2. (1) ② (2) ④ (3) ⑥ (4) ⑤ (5) ⑦ (6) ⑧
3. (1) ③ (2) ⑤ (3) ④ (4) ①
4. (1) 심중 (2) 구어 (3) 평생 (4) 안전 (5) 수화
   (6) 기력 (7) 부족 (8) 면전 (9) 육림 (10) 역도
5. (1) ① (2) ② (3) ③ (4) ④
6. (1) 平安 (2) 敎育 (3) 重力

확인평가 4강

1. (1) 리 (2) 촌 (3) 장 (4) 주 (5) 소
   (6) 사 (7) 시 (8) 농
2. (1) ⑧ (2) ⑤ (3) ⑥ (4) ② (5) ④ (6) ①
3. (1) ⑤ (2) ① (3) ④ (4) ②
4. (1) 주민 (2) 시립 (3) 소장 (4) 촌로 (5) 사대
   (6) 농사 (7) 읍인 (8) 장면 (9) 장소 (10) 천리
5. (1) ④ (2) ① (3) ③ (4) ②
6. (1) 邑內 (2) 工場 (3) 農村

확인평가 5강

1. (1) 자 (2) 강 (3) 해 (4) 연 (5) 초
   (6) 림 (7) 식 (8) 물
2. (1) ① (2) ② (3) ⑦ (4) ④ (5) ③ (6) ⑤
3. (1) ① (2) ③ (3) ⑤ (4) ④
4. (1) 자생 (2) 수초 (3) 연후 (4) 물주 (5) 강산
   (6) 식물 (7) 해녀 (8) 산림 (9) 화심 (10) 남대천
5. (1) ④ (2) ① (3) ③ (4) ②
6. (1) 海軍 (2) 植木日 (3) 自然

확인평가 6강

1. (1) 백 (2) 자 (3) 가 (4) 기 (5) 산
   (6) 수 (7) 문 (8) 어
2. (1) ⑦ (2) ① (3) ③ (4) ⑤ (5) ⑥ (6) ④
3. (1) ① (2) ③ (3) ④ (4) ②
4. (1) 백성 (2) 화두 (3) 천년 (4) 기입 (5) 교가
   (6) 문자 (7) 어문 (8) 산수 (9) 언어 (10) 수학
5. (1) ① (2) ④ (3) ③ (4) ②
6. (1) 記者 (2) 語學 (3) 漢字

확인평가 7강

1. (1) 성 (2) 명 (3) 남 (4) 부 (5) 주
   (6) 조 (7) 효 (8) 로
2. (1) ② (2) ⑥ (3) ④ (4) ⑧ (5) ③ (6) ⑤
3. (1) ④ (2) ③ (3) ② (4) ①
4. (1) 성씨 (2) 명소 (3) 조모 (4) 자녀 (5) 효자
   (6) 노년 (7) 남녀 (8) 청소년 (9) 주식 (10) 부녀
5. (1) ③ (2) ② (3) ④ (4) ①
6. (1) 名山 (2) 孝道 (3) 老人

확인평가 8강

1. (1) 문 (2) 답 (3) 정 (4) 명
   (5) 거(차) (6) 공 (7) 세 (8) 편
2. (1) ⑥ (2) ③ (3) ⑧ (4) ⑤ (5) ② (6) ④
3. (1) ④ (2) ② (3) ③ (4) ①
4. (1) 정직 (2) 문답 (3) 직립 (4) 답지 (5) 생명
   (6) 세인 (7) 공부 (8) 편리 (9) 인력거 (10) 활화산
5. (1) ② (2) ① (3) ③ (4) ④
6. (1) 正答 (2) 世上 (3) 活動

확인평가 9강

1. (1) 도 (2) 가 (3) 내 (4) 식 (5) 등
   (6) 래 (7) 전 (8) 기
2. (1) ⑤ (2) ④ (3) ⑥ (4) ② (5) ⑦ (6) ①
3. (1) ④ (2) ① (3) ③ (4) ②
4. (1) 내면 (2) 내일 (3) 식수 (4) 국기 (5) 가구
   (6) 도인 (7) 중대 (8) 입춘 (9) 등산 (10) 전력
5. (1) ④ (2) ① (3) ③ (4) ②
6. (1) 國立 (2) 來年 (3) 家事

확인평가 10강

1. (1) 전 (2) 색 (3) 공 (4) 방 (5) 동
   (6) 불 (7) 지 (8) 한 (9) 행 (10) 합
2. (1) ① (2) ③ (3) ⑥ (4) ⑦ (5) ② (6) ⑤
3. (1) ④ (2) ① (3) ③ (4) ②
4. (1) 방정 (2) 부동 (3) 색지 (4) 지화 (5) 매월
   (6) 공간 (7) 동색 (8) 유명 (9) 전기 (10) 한자
5. (1) ③ (2) ② (3) ① (4) ④
6. (1) 同色 (2) 電氣 (3) 空軍

기출 예상문제 7급 1회

1. (1) 할아비 조 (2) 저녁 석 (3) 쉴 휴
   (4) 마음 심 (5) 수풀 림 (6) 긴 장
   (7) 그럴 연 (8) 늙을 로 (9) 기 기
   (10) 아들 자 (11) 주인 주 (12) 말씀 화
   (13) 올 래 (14) 지아비 부 (15) 때 시
   (16) 노래 가 (17) 적을 소 (18) 효도 효
   (19) 입 구 (20) 움직일 동
2. (21) 명중 (22) 청춘 (23) 생활 (24) 백화
   (25) 하교 (26) 형제 (27) 농가 (28) 정답
   (29) 유사 (30) 촌수 (31) 안주 (32) 세상
   (33) 선후 (34) 공군 (35) 동리 (36) 식물
   (37) 소식 (38) 외인 (39) 자중 (40) 전공
   (41) 왕실 (42) 수족 (43) 면전 (44) 시립
   (45) 남편 (46) 기명 (47) 백방 (48) 장소
   (49) 대기 (50) 매년 (51) 만전 (52) 동문
3. (53) ⑦ (54) ⑥ (55) ⑨ (56) ② (57) ⑩
   (58) ④ (59) ⑧ (60) ⑤ (61) ① (62) ③
4. (63) ③ (64) ①
5. (65) ① (66) ④
6. (67) 산에 오름 (68) 달 빛
7. (69) ④ (70) ③

기출 예상문제 7급 2회

1. (1) 수군 (2) 명답 (3) 평생 (4) 입금
   (5) 소유 (6) 입면 (7) 선조 (8) 주민
   (9) 중대 (10) 효자 (11) 전차 (12) 안심
   (13) 사후 (14) 교실 (15) 해읍 (16) 만물
   (17) 소수 (18) 시외 (19) 산출 (20) 도학
   (21) 공중 (22) 일시 (23) 교화 (24) 지방
   (25) 석식 (26) 농가 (27) 내세 (28) 매월
   (29) 가장 (30) 동촌 (31) 백기 (32) 전연
2. (33) 오줌·똥 변/편안 편 (34) 스스로 자
   (35) 장인 공 (36) 발 족 (37) 봄 춘
   (38) 내 천 (39) 빛 색 (40) 낮 오
   (41) 곧을 직 (42) 하늘 천 (43) 사내 남
   (44) 임금 왕 (45) 푸를 청 (46) 강 강
   (47) 심을 식 (48) 기를 육 (49) 아비 부
   (50) 겨울 동 (51) 가을 추 (52) 마디 촌
3. (53) ④ (54) ②
4. (55) ① (56) ④ (57) ③ (58) ⑨
   (59) ② (60) ⑦ (61) ⑥ (62) ⑩

　　(63) ⑧　　　　(64) ⑤
5. (65) ①　　　　　(66) ②
6. (67) 늙은 어머니　(68) 같은 성(씨)
7. (69) ④　　　　　(70) ⑤

기출 예상문제 7급　　3회

1. (1) 지아비 부　(2) 풀 초　　(3) 낮 오
　(4) 집 실　　(5) 바다 해　(6) 들 입
　(7) 겨울 동　(8) 한가지 동　(9) 고을 읍
　(10) 기를 육　(11) 장인 공　(12) 앞 전
　(13) 그럴 연　(14) 발 족　(15) 목숨 명
　(16) 가르칠 교　(17) 손 수　(18) 아니 불
　(19) 물건 물　(20) 평평할 평
2. (21) 생색　(22) 세간　(23) 정직　(24) 시공
　(25) 자중　(26) 천만　(27) 백성　(28) 청천
　(29) 일기　(30) 소유　(31) 농군　(32) 시립
　(33) 좌우　(34) 안전　(35) 지방　(36) 주민
　(37) 노소　(38) 춘추　(39) 매사　(40) 등기
　(41) 목화　(42) 명답　(43) 효도　(44) 휴학
　(45) 동리　(46) 조부　(47) 촌수　(48) 남편
　(49) 심중　(50) 산출　(51) 활화　(52) 전화
3. (53) ⑥　(54) ⑦　(55) ⑧　(56) ①
　(57) ③　(58) ④　(59) ②　(60) ⑨
　(61) ⑩　(62) ⑤　(61) ⑩　(62) ⑤
4. (63) ②　　　　　(64) ④
5. (65) ④　　　　　(66) ③
6. (67) 집 안　　　(68) 먹는 물
7. (69) ⑤　　　　　(70) ⑥

기출 예상문제 7급　　4회

1. (1) 만방　(2) 노부　(3) 문답　(4) 수백
　(5) 동성　(6) 학교　(7) 일기　(8) 제자
　(9) 수화　(10) 전산　(11) 생모　(12) 도장
　(13) 화차　(14) 초가　(15) 편지　(16) 식수
　(17) 왕조　(18) 산천　(19) 금색　(20) 농촌
　(21) 매사　(22) 목공　(23) 실장　(24) 추석

　(25) 소년　(26) 군가　(27) 교육　(28) 토지
　(29) 오후　(30) 형부　(31) 청춘　(32) 효녀
2. (33) 살 활　(34) 쉴 휴　(35) 목숨 명
　(36) 빌 공　(37) 이름 명　(38) 흰 백
　(39) 달 월　(40) 기 기　(41) 낯 면
　(42) 그럴 연　(43) 북녘 북　(44) 수풀 림
　(45) 꽃 화　(46) 하늘 천　(47) 무거울 중
　(48) 올 래　(49) 고을 읍　(50) 바 소
　(51) 있을 유　(52) 여름 하
3. (53) ②　　　　　(54) ④
4. (55) ⑦　(56) ⑥　(57) ④　(58) ⑧
　(59) ⑤　(60) ①　(61) ③　(62) ⑨
　(63) ②　(64) ⑩
5. (65) ④　　　　　(66) ②
6. (67) 문 앞　　　(68) 스스로 섬
7. (69) ⑤　　　　　(70) ④

적중 예상문제 7급　　1회

1. (1) 앞 전　(2) 길 도　(3) 있을 유
　(4) 낮 오　(5) 고을 읍　(6) 편할 편
　(7) 온전 전　(8) 대답 답　(9) 적을 소
　(10) 셈 산　(11) 골 동　(12) 군사 군
　(13) 마디 촌　(14) 지아비 부　(15) 겨울 동
　(16) 살 주　(17) 종이 지　(18) 기를 육
　(19) 바다 해　(20) 가을 추
2. (21) 가문　(22) 백방　(23) 심산　(24) 매년
　(25) 평면　(26) 안전　(27) 백화　(28) 전기
　(29) 추석　(30) 심지　(31) 생활　(32) 이장
　(33) 명중　(34) 노모　(35) 등기　(36) 남북
　(37) 공간　(38) 동방　(39) 동리　(40) 교실
　(41) 식목　(42) 삼중　(43) 문민　(44) 공백
　(45) 교화　(46) 전화　(47) 활력　(48) 정답
　(49) 일기　(50) 자연　(51) 수하　(52) 수학
3. (53) ⑧　(54) ③　(55) ⑤　(56) ⑨　(57) ④
　(58) ⑩　(59) ⑥　(60) ①　(61) ⑦　(62) ②
4. (63) ③　　　　　(64) ④

5. (65) ④ (66) ③
6. (67) 집 안 (68) 농사를 짓는 땅
7. (69) ④ (70) ③

적중 예상문제 7급   2회

1. (1) 오전 (2) 화초 (3) 하산 (4) 동해
   (5) 학교 (6) 춘추 (7) 화차 (8) 생명
   (9) 백성 (10) 안전 (11) 실내 (12) 강남
   (13) 가수 (14) 문물 (15) 시장 (16) 청색
   (17) 효자 (18) 주민 (19) 가문 (20) 만리
   (21) 외식 (22) 교육 (23) 매일 (24) 변소
   (25) 국기 (26) 칠석 (27) 지명 (28) 대한
   (29) 조상 (30) 전기 (31) 정직 (32) 활력
2. (33) 기록할 기 (34) 물을 문 (35) 효도 효
   (36) 여름 하 (37) 있을 유 (38) 곧을 직
   (39) 왼 좌 (40) 고을 읍 (41) 내 천
   (42) 사내 남 (43) 장인 공 (44) 집 가
   (45) 꽃 화 (46) 편할 편 (47) 하늘 천
   (48) 무거울 중 (49) 바를 정 (50) 글자 자
   (51) 아홉 구 (52) 땅 지
3. (53) ⑧ (54) ③ (55) ⑤ (56) ⑨ (57) ⑥
   (58) ② (59) ④ (60) ① (61) ⑦ (62) ⑩
4. (63) ③ (64) ①
5. (65) ④ (66) ②
6. (67) 산에 오르다. (68) 푸른 색
7. (69) ⑥ (70) ④

적중 예상문제 7급   3회

1. (1) 모 방 (2) 입 구 (3) 흰 백
   (4) 바 소 (5) 마을 리 (6) 오를 등
   (7) 날 출 (8) 오른 우 (9) 목숨 명
   (10) 빛 색 (11) 하늘 천 (12) 봄 춘
   (13) 때 시 (14) 여름 하 (15) 살 활
   (16) 가르칠 교 (17) 무거울 중 (18) 움직일 동
   (19) 셈 산 (20) 말씀 화
2. (21) 시장 (22) 농부 (23) 칠석 (24) 동해
   (25) 후일 (26) 유색 (27) 만사 (28) 장소
   (29) 군기 (30) 생물 (31) 선조 (32) 세상
   (33) 시간 (34) 성명 (35) 시장 (36) 형제
   (37) 남녀 (38) 면상 (39) 백화 (40) 천하
   (41) 천만 (42) 가문 (43) 외식 (44) 내면
   (45) 정직 (46) 전공 (47) 오전 (48) 자연
   (49) 주인 (50) 십리 (51) 효자 (52) 평생
3. (53) ⑦ (54) ⑨ (55) ② (56) ⑧ (57) ⑤
   (58) ⑩ (59) ① (60) ④ (61) ③ (62) ⑥
4. (63) ③ (64) ④
5. (65) ③ (66) ①
6. (67) 태어난 집 (68) 풀과 나무
7. (69) ⑦ (70) ⑤

적중 예상문제 7급   4회

1. (1) 출동 (2) 외래 (3) 입장 (4) 읍내
   (5) 시립 (6) 사후 (7) 식물 (8) 초가
   (9) 명소 (10) 동성 (11) 기수 (12) 휴학
   (13) 안전 (14) 학교 (15) 세간 (16) 민심
   (17) 강산 (18) 국기 (19) 입실 (20) 공기
   (21) 조상 (22) 매년 (23) 입춘 (24) 문물
   (25) 하시 (26) 자연 (27) 육림 (28) 불편
   (29) 직면 (30) 정문 (31) 세상 (32) 매일
2. (33) 마음 심 (34) 효도 효 (35) 서녘 서
   (36) 집 가 (37) 농사 농 (38) 아우 제
   (39) 편할 편 (40) 노래 가 (41) 목숨 명
   (42) 기록할 기 (43) 마당 장 (44) 대답 답
   (45) 있을 유 (46) 학교 교 (47) 가르칠 교
   (48) 마을 촌 (49) 불 화 (50) 겨울 동
   (51) 일백 백 (52) 빛 색
3. (53) ② (54) ④
4. (55) ③ (56) ⑧ (57) ⑤ (58) ⑨ (59) ⑩
   (60) ④ (61) ② (62) ⑦ (63) ① (64) ⑥
5. (65) ③ (66) ①
6. (67) 바닷물 (68) 마음 속
7. (69) ⑤ (70) ⑦